国际电气工程先进技术译丛

汽车系统电磁兼容

[美] 特伦斯·雷贝克 （Terence Rybak） 编著
马克·斯特夫卡 （Mark Steffka）

崔 强 蔡华强 李 楠 译

U0359570

机械工业出版社

本书综合性地讲述了汽车系统电磁兼容（EMC）的基本原理和解决方法。全书共分 12 章，内容包括什么是 EMC、系统级的问题、电源和信号回路、EMC 基本概念、电磁场、EMC 试验、EMC 建模、电缆和线束布线的影响、汽车电气和电子系统、汽车系统的 EMC 法规、汽车系统的电瞬态和静电放电等。本书的突出特点是，重点讨论了 EMC 基本概念及电磁理论在汽车系统中的实际应用。

本书可供汽车系统和部件的设计人员、汽车 EMC 试验工程师及负责汽车法规、标准的管理人员参考使用，也可作为高等院校车辆工程专业和电子信息类专业师生的教材和参考用书。

特伦斯·雷贝克（Terence Rybak）
马克·斯特夫卡（Mark Steffka）
著

崔强　葛华迈　李靖　译

机械工业出版社

译 者 序

随着汽车电子技术的发展，为了满足动力总成、发动机管理及安全、舒适、娱乐、稳定性和控制应用的需求，现代车载电子设备的数量及复杂电子模块在整个传统车辆中的分布都在持续增多。车载传感器通常都工作在小信号状态，电磁干扰（EMI）对它们工作状态的影响可能都是致命的。此外，随着目前电动汽车和汽车电气化的快速发展，它们所配备的电力电子变换装置无论是在数量上还是在功率上都远远超过传统汽车，同时还采用了很多高电压、大功率电气部件及系统集成度很高和对 EMI 很敏感的电子控制单元，这些都使得电动汽车和汽车电气化的电磁兼容（EMC）问题更为突出。因此，为了解决这些 EMC 问题，以及符合汽车法规和标准的要求以满足市场准入，汽车系统和部件的设计人员都将面临日益严峻的 EMC 设计的挑战。

本书综合地讲述了汽车系统 EMC 的基本原理和解决方法。全书共 12 章，内容包括什么是 EMC、系统级的问题、电源和信号回路、EMC 基本概念、电磁场、EMC 试验、EMC 建模、电缆和线束布线的影响、汽车电气和电子系统、汽车系统的 EMC 法规、汽车系统的电瞬态和静电放电等。本书的突出特点是强调了 EMC 基本概念及电磁理论在汽车系统中的实际应用。

对于汽车系统和部件的设计人员、汽车 EMC 试验工程师及负责汽车法规、标准的管理人员，本书能提供解决思路和参考方法，另外本书也可作为高等学校车辆工程专业和电子信息类专业本科生和研究生及老师的教材和参考用书。

参加本书翻译的有崔强、蔡华强和李楠。崔强博士完成了全部翻译稿的统稿和审校工作。译者要特别感谢机械工业出版社对我们的厚爱和信任，把此书交予我们翻译。由于译者水平有限，翻译时间紧，书中难免存在一些缺点和错误，殷切希望广大读者批评指正。

译　者

2020 年 10 月

原 书 序

近些年来，驾驶、维修或设计乘用车或商用车的人们肯定已注意到车用电子时代已经到来！电子部件和系统已用于车辆的很多系统，从传统的娱乐系统到最新的电传线控系统以及双向通信和导航系统。从汽车发展的历史来看，汽车工业主要基于机械和材料工程，并没有涉及太多的电气和电子工程技术。20世纪70年代发射控制要求的提出，确认了电子设备兼容性设计已纳入以前主要基于机械的系统和功能设计中。

随着这种变革的继续，电子工业形成了用于处理系统在互相共存及与外部环境共存时互操作的问题和概念。由于系统和部件运行时会互相影响，因此也要进行电磁兼容（EMC）的研究。EMC经过这么多年的发展，已成为了一个专业的工程领域，适用于任何使用了电子技术的系统。正如汽车系统已形成了多方面学科，EMC也已具有了许多成熟的内容。相关研究已进入了一个新的阶段（见图1），在这个阶段，EMC问题会越来越多地与汽车工业关联。

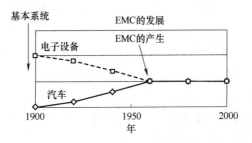

图1 电子设备和汽车发展的融合

不幸的是，除了涉及工作在此领域的特定群体的特殊情况外，汽车工业和EMC学科之间的联系并不紧密。这就意味着大量的汽车工程师和技术人员并没有理解EMC，许多EMC专业人才也没有汽车行业的从业经历。

解决这种问题的办法是什么呢？建立一套知识体系，把 EMC 中的概念和方法用于汽车工业。这也是本书作者想尽力做到的。本书综合性地介绍了汽车 EMC 的各方面内容，目的是使汽车工业中的从业人员能够识别 EMC 问题、了解 EMC 问题产生的原因和采取正确的措施，以及为愿意进一步研究此方面的人员提供参考。

编写本书的目的是介绍汽车 EMC 或作为深入研究汽车 EMC 的基础内容。本书是根据特定的汽车问题进行的章节安排，每章还给出了这些问题的 EMC 背景知识。各章主要内容如下：

第 1 章讨论了 EMC 的发展，以及它是怎样伴随着技术的发展而出现的；讲述了汽车 EMC 领域中首先出现的相关问题，以及固态元器件的使用对汽车 EMC 的影响；同时，还讲述了当前汽车存在的 EMC 问题，并预测了将来可能出现的一些问题。

第 2 章讲述了部件与系统，讨论了部件级和车辆级系统试验的重要性，并与其他行业进行的试验进行了比较。

第 3 章讲述了"电源和信号完整性"的概念，以与"电源和地"的通用方法进行对比。这些概念已用了相当长的时间，但当解决 EMC 问题时还是很容易混淆。

许多本科教学课程，对基本的天线、传输线和无源元件（电感和电容）的理解介绍有限，容易引起混淆。很多本科的电类工程课程更偏向计算机工程，其结果是容易让人认为研究无线电频率部件和基础内容（很多相关内容都删减了）已不再重要。但这些内容对于 EMC 研究是很重要的，因此本书第 4 章进行了讲述。

EMC 研究必须包括电磁场的基础理论和物理定律。第 5 章讲述了麦克斯韦方程应用于 EMC 问题，提供了理解问题的物理原理框架；同时，讲述了近场和远场的概念、场强的测量和传播特性。路径损耗用于研究信号的衰减，这要在抗扰度试验中予以考虑。

第 6 章介绍了与车辆级和部件级试验相关的试验方法。一些部件级的试验方法是整个行业使用的标准，对于车辆级的试验，讨论了试验设备的特殊方面。

EMC 建模肯定会成为将来发展的趋势，所以第 7 章介绍了一些建模工具及这些工具的可能使用方法。

第 8 章讨论了用于连接电子模块和传感器系统（当今大多数车辆都在使用）的电缆和线束的影响。这些电子系统用于发动机的运行、车辆控制和娱乐系统等。对于集成在车辆系统中的特定部件，车辆制造商和供应商在部件的设计阶段，会通过 EMC 部门处理和解决 EMC 问题。此外，在进入市场之前，车辆制造商会进行大量的试验，以验证部件级和车辆级的 EMC 性能。

汽车的电气和电子系统的特性比较独特。一些部件工作在低电压和小电流的工况，而有些在车辆上则属于高电压和大电流系统。这包括点火系统、交流发电机和充电系统，以及其他大电流和高电压装置。随着更复杂的车辆系统架构和电子系统的应用，在车辆工程中，EMC 将会变得更为重要。第 9 章讲述了车辆中目前和将来会使用的一些数据通信系统和网络，以及与这些系统相关的 EMC 问题。

从工业和管理的角度，汽车工业已有了一些标准、规则和法规。这些包括国际机构的指令和要求，如欧盟和加拿大政府。在美国，FCC 负责控制产品的辐射发射和干扰，但对于汽车行业，某些要求是豁免的。第 10 章讨论了已有的 EMC 要求及这些要求或规范中未包括的一些解决方案。

随着汽车 EMC 的发展，一种挑战来自控制和理解整车中出现的电瞬态。这些效应目前出现得越来越频繁，抑制它们的困难之处是要理解产生这些瞬态的源。第 11 章讲述了定义车辆电瞬态的定量方法的研究和当前得到的成果。

静电放电（ESD）也是汽车系统中需要考虑的一个方面。这是因为汽车中有许多装置对 ESD 很敏感。因此，第 12 章讲述了 ESD 与其本质，以及汽车行业处理相关问题使用的试验方法。

本书会是有关汽车系统 EMC 的第一本，也是最后一本技术书籍吗？肯定不会！作者的目的仅是想让本书成为读者研究汽车系统 EMC 的一个起点。作者相信，随着时间的推移，会有越来越多的人面对这门学科的挑战，从而建立起与汽车 EMC 发展相同步的信息资源。作者期待将来会有更多相关书籍面世。

目 录

第1章 什么是EMC

1.1 背景

本书主要研究的是汽车系统的 EMC 中出现的问题、得到的经验和今后的趋势。汽车系统的 EMC，是由车辆中早期不多的电气装置发展到现今高度复杂的电子部件而出现的一个领域。本书将研究 EMC 如何成为汽车系统的一个主要问题，并讲述解决汽车系统 EMC 问题的技术工具和方法。本书也将研究不同系统电子部件的结构及与这些系统相关的 EMC 问题。

本书假定读者对汽车的电气和电子系统已有了基本的了解。为此，本书首先给出 EMC 的定义，即"电子系统在预定的电磁环境中其功能能够正常运行，并且不对该环境中的其他系统产生干扰的能力"。研究 EMC 就是要使电子系统既能承受来自其他系统的发射，又不干扰其他系统和自身的运行。

图 1.1 所示的模型可以考虑作为 EMC 的基本模型。设想有两个装置 A 和 B，EMC 的目的是使 A 和 B 共存时能够同时正常运行，以及处在外界环境中时也能够同时正常运行，既不希望 A 干扰 B 的运行，也不希望 B 干扰 A 的运行，同时也不希望外界环境（如无线电广播发射机）导致 A 或 B 的不正常运行。

EMC 的重要概念可表述为"骚扰源- 传播路径- 接收机（受扰者）"这三者之间的关系，如图 1.2 所示。

如图 1.2 所示，从本质上可用三个基本要素来描述 EMC：第一个要素为骚扰源；第二个要素为传播路径；最后一个要素为接收机。接收机可能有两种不同的形式，即"有意"接收机和"无意"接收机。有意接收机的例子有无线电接收机或电视接收机，而无意接收机

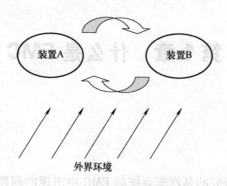

图 1.1　基本的 EMC 模型

图 1.2　骚扰源-传播路径-接收机模型

的例子有计算机或某些类型的电子设备。在处理 EMC 问题时需要使用这个基本模型，而且人们总是试图使用此基本模型来简化 EMC 问题。

利用这个基本模型怎样才能确保解决 EMC 问题呢？

- 可以抑制骚扰源的能量（这意味着可以减小辐射的能量）。
- 可以根据情况来处理传播路径自身。这种路径可能是通过导线的传导路径，也可能是通过空间的辐射路径。
- 可以改变接收机的特性，使它成为一个"加固型"的接收机。

对于接收机而言，抗扰度和敏感度的概念是一个关键性问题。在汽车工业领域，使用术语抗扰度，而其他大部分领域关注的是电磁兼容学科中使用的术语"敏感度"。出于本书的目的，将敏感度和抗扰度之间的关系用图 1.3 所示的曲线表示。可以看出，如果曲线沿着纵轴的方向向上，则敏感度升高；如果曲线沿着横轴的方向向右，则表明抗扰度电平增加。这里想说明的是，如果有着敏感的部件或系统，则它们的抗扰度电平就低；而如果它们的抗扰度电平高，则其敏感度就低。不过，这还是不同于人体的免疫系统的，不像人有一个非常有效的免疫系统就不容易生病。

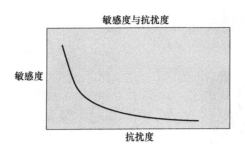

图 1.3 敏感度与抗扰度之间的关系

1.2 技术与 EMC

EMC 问题是 20 世纪因技术创新产生的,了解它的起源与变迁非常重要。在 20 世纪初期,当时与通信有关的技术主要包括利用高压放电产生高频无线电信号。

这种通信系统用于发送短信息,并进行一些有关传播特性和高频传输的实验。当时由于这样的系统很少,所以鲜有 EMC 问题。

从 19 世纪末到 20 世纪初,人们做了很多与"无线"(无线电的最初术语)通信有关的工作。深入研究这项工作的是 Gugliemo Marconi。Marconi 在意大利做了许多实验,其感兴趣的是如何通过无线电波发送信息。他研究了赫兹(Hertz)和该领域的其他先驱进行过的一些实验,自己想亲自进行这些实验。他的实验工作涉及应用图 1.4 和图 1.5 所示的一些技术进行跨距离的射频(RF)能量发送。实验中的一些关键要素包括,产生 RF 能量的方法(通过高压线圈实现)、电源(电池)和能量传输到空中(金属板上)的方式。于是他构想建立一种方式,即通过建立一个接收机系统以接收 RF 能量。这个接收机系统包括金属板和能够检测火花能量从而能够在耳机里听到声音的装置。当今的天线能实现这种能量的传送。图 1.6 给出了他的原始无线电系统的原理图。图 1.7 给出了他后来改进的原理图之一。

图 1.4　Marconi 在 1895 年　　　图 1.5　22 岁时的 Marconi 与他的第一个
发明的发射机　　　　　　　　　拥有专利的无线电接收机（1896 年）

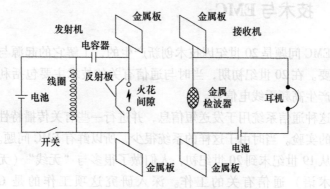

图 1.6　Marconi 的原始无线电系统的原理图

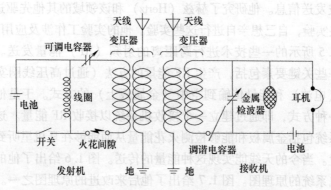

图 1.7　1900 年 Marconi 改进的无线电系统原理图之一

1.3　通信技术的演变

如果回顾一下早期的电子通信技术，看到的是由火花间隙技术产生的最初的通信革命，后来又陆续产生了演变。由于当时只有为数不多的几台接收机，所以与火花技术相关的 EMC 问题很少。尽管火花间隙发射机的性质是其具有带宽很宽的信号，但是人们能够辨识他们想接收的传输信号，因此 EMC 问题极少。

随着技术的发展和需要更复杂的接收机，则要求研发更多的部件。真空电子管的研制成功是技术上的重大进步。由于它最终实现了低功率电路的放大，而这是无源器件不可能实现的，因此这是一个重大的技术革命。所幸的是，真空管的特点是它们需要大功率和高电压，这极大减少了可能的 EMC 问题。

接下来的重大技术变革为"固态"电路（之所以这样称呼是因为它们是固体材料的，不需要易碎的玻璃外壳和抽真空），这主要是在第二次世界大战以后才发展起来的。第一批固态器件包括二极管和晶体管，它们的目的是要取代已广泛应用的真空管。实际上固态器件的一个特点是增加了 EMC 问题；固态器件只需要低电能和低电压就能工作。根据固态器件的特性，它们工作在低电平信号上，很容易受到低电平射频能量的影响。当然，当今的电子系统包括了许多固态器件，它们已经实现了高集成度和小尺寸，这些器件甚至只要更小的电能就能运行。随着市场对无线通信系统需要的增加，目前另一个正在发展的方面是对 RF 频谱需求的增加［这可由拍卖的频谱数证明，拍卖由美国联邦通信委员会（FCC）执行］。由于许多通信设备可能会受到 EMC 问题的影响，因此一个额外的方面就是关注 EMC。

总之，通信技术的演进和 RF 频谱需求的结合，造成了当今存在的诸多 EMC 问题。这种情况可以用表 1.1 所示情况来说明：从火花技术到真空管再到固态器件的技术演进，伴随着信号和发射数量的增加，EMC 问题也不断增加，可能会没有尽头。

表 1.1 信号数量的增加导致 EMC 问题的增加

	技　术	EMC 问题
变革	电火花	几乎没有——接收机数量少
发展	真空管设备	有一些——电子管要求大功率
↓	固态	很多——低电平信号、低电平工作会受到 RF 的影响
		频谱利用高

1.4　技术和汽车系统的融合

为什么汽车环境中的 EMC 很重要呢？因为近年来汽车系统已经增加了许多的电气和电子装置。当今汽车上的电子系统具有的许多功能，是之前车辆上没有的，甚至是以前只能想象的。例如，当今的汽车系统安装了许多有源电子装置；许多电子模块，包括微处理器、晶体管和开关装置。这些电子装置为汽车提供了更多的控制功能。值得关注的是，这些组件和部件可能会发射电磁能，同时会对外部的电磁能产生响应，从而导致这些汽车系统出现非预期的性能。

为什么要研究 EMC？其实原因是很多的。首先，是要了解如何才能满足不同国家不同的 EMC 法规要求，如欧盟和加拿大对辐射发射的要求。在美国，电子设备的发射限制由 FCC 制定；但是，汽车行业的独特之处在于，如果汽车系统上的设备不造成"有害干扰"，则 FCC 规则和规范的第 15 部分的辐射发射要求是可豁免的。

另一个原因可能是，要满足产品的要求。很明显，消费者现在对系统和部件的性能要求都很高。安全性、"维修"成本和法律问题，也是要确保 EMC 的激励因素。

当今，虽然许多早期汽车上使用的部件（如高压分电器）仍然还在使用，但现在包括汽车系统的各类系统上已广泛地采用了数字装置。根据傅里叶级数分析，数字装置的一个特点是它工作的方波含有许多谐波。如图 1.8 和图 1.9

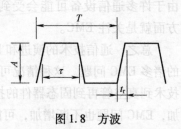

图 1.8　方波

所示，这些谐波的存在是基于方波信号（幅值的 10% ~ 90%）的上升时间和下降时间。下面将详细讨论这些谐波对 EMC 的挑战。

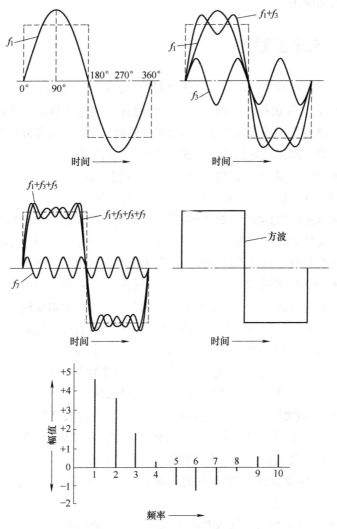

图 1.9　方波中含有的频率分量

如图 1.9 所示，方波的上升沿和下降沿中所含的频率分量远大于基波频率，信号电平在整个时间轴上为常数的频率分量为零。当今数字装置已经应用在许多系统中，今后还会应用得更多。当今在汽车行业中遇到的 EMC 问题（尤其是发射）的主要原因之一，就是这种数字装置的应用。

1.5　未来的趋势

由于下述理由，EMC 对于产品设计和制造的重要性将可能增加：

- 在计算机技术领域，已经看到时钟速度越来越高。这种技术带来的挑战是，随着时钟速度的增加，机箱、机箱结构和外壳等的屏蔽能力趋于降低。它们甚至会成为相当有效的辐射体。
- 在用于高速无线数字通信的极短波长通信领域，也有许多工作要做。这项技术的 EMC 方面将需要进行表征。
- 新技术的运用，如"超宽带（UWB）"。这是一个低功率和短距离的无线系统，工作频率近似为 2 ~ 3GHz。该系统的设计要具有强的抗干扰特性，这种系统的使用需要大的抗扰度电平是显而易见的。
- 正如后面章节将介绍的，从天线的角度考虑，一个有效的辐射体应该具有四分之一波长或半波长的长度。在 600MHz 时，半波长仅为 24cm（约 10in）。对于产品的发射抑制和抗扰度，这就要求进行较好的设计才行。换而言之，当缝隙或间隙的长度为半波长时，它们就没有了屏蔽衰减的作用；一旦产品通过一个缝隙产生发射，那么它就像其他波一样对其周围设备产生近、远场效应。
- 缝隙实际上是一个接收孔径或天线，可接收环境噪声中的射频干扰。除了导线线束或组件在较低频率产生的 EMC 问题外，上述这些条件会使人们主要关注印制电路板级的 EMC。

结合高频设计上要考虑的问题，由于下列原因，可能会增加 EMC 测量的困难：

- 频谱分析仪和接收机的本底噪声，可能影响低电平发射的测量。天线与接收机之间电缆损耗的增大，会影响测量频谱分析仪或接收机的本底噪声之上信号的能力。
- 窄的波束宽度和产品的孔缝，如电缆端口和缝隙，对辐射场的抗扰度变得更困难。

- 高频时，产品发射的波瓣更窄且更具"定向性"，这意味着更难找到它们。

- 对应上条，用于测量发射的天线也具有较窄的波瓣宽度，因此它们很难对准产品并测量到辐射信号。

从上述给出的基于射频系统的不断演进和例子可以看出，未来的多年里 EMC 将会受到持续的关注。

第2章 系统级的问题

2.1 部件和系统的定义

显然，仅当涉及系统时才需要研究 EMC 问题。开关、火花塞甚至微处理器，这些都是部件，单独存在时不存在 EMC 问题。当几个部件一起工作并且与外界环境具有接口时，就会出现 EMC 问题。下面将进行解释。

什么是部件？什么是系统？人们需要了解。基于本书所讨论的，可以将部件定义为具有一定物理尺寸和体积的实体。于是，晶体管是部件，发动机控制器也是部件。人们能描述晶体管的尺寸和体积，也许还能描述它的其他一些特征，如管脚引线数、颜色或形状等。同样，人们也可以描述发动机控制器或汽车的特征。能够"将一个部件握在手中"，如晶体管、控制器；或者，如果手足够大的话，甚至可以将行星地球握在手中。晶体管是用半导体材料、塑料、金属及导线制成的。控制器则是由印制电路板、有源和无源部件及连接器组成的。在本书的定义中，部件和组件都是系统的基本组成部分，如图2.1所示。

什么是系统？本书定义一个系统为部件之间以及部件与环境之间的相互作用。可以说，晶体管为"放大系统"的一个组成部分。这意味着有外界的作用（即输入信号，如晶体管工作），然后有能量的发出（放大的信号）。

因此，可以看出，按照以上标准，就能识别什么是部件，且仅当部件都在运行时才存在系统。下面再看汽车系统的另外一个例子。点火"系统"包括许多组成部分（部件、能量传送及与环境的相互作用）。当引燃燃油的点火建立时仅才存在系统。当车辆处于静止状态且发动机不运转时，拥有的是一堆部件。

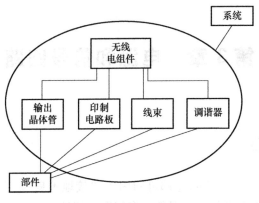

图 2.1　系统和部件

有时也使用术语"子系统"。这是一个不易理解的术语。这个术语可能是用来表示一个系统中的一部分部件？如果是这种情况的话，那么使用术语组件来确定部件的物理性质是合适的。有时，子系统也用来表示总系统中的一些特定系统。汽车系统中的"娱乐子系统"就是这种特定系统的一个例子。本书将使用术语"部件"或术语"系统"。使用"系统"一词时，将意味着许多部件正在工作且与外界环境具有相互作用。

2.2　部件和系统对 EMC 的重要性

EMC 之所以成为重点关注的原因是，很多的 EMC 问题是由系统级的特性导致的，而不是由部件的固有缺陷导致的。与其他工业相比，由于汽车部件的物理尺寸和系统的功能特点，所以汽车工业要面对这样的 EMC 问题。本书将讲述一些部件的属性，研究是哪些属性怎样降低了系统预期要实现的 EMC 的能力，或者是哪些属性怎样增加了系统达到预期 EMC 的能力。

EMC 中要认识到的一个关键问题是，导线和导体与电气部件的连接就建立了一个系统，其特性与电气部件自身的特性不同。这是由于导线的存在而使电能量有了得以传输的途径。然而，从事 EMC 问题研究的人们往往都忘记了这个事实，试图将部件级的性能"强加"在系统级限制的描述中。本书要强调的就是这样容易引起混淆！

第 3 章　电源和信号回路

3.1　概述

　　汽车的许多 EMC 问题都可归因于"接地不良"。在所有类型的电路中，接地不良似乎会引起很多问题。接地不良的原因是简单的。车辆上的任何地方都没有"地"！没有进行接地的原因也很简单。车辆的目的是在地面上行驶，而不是固定在地面上。实际上，如果车辆要接地连接，那么会是图 3.1 所示的情况。

图 3.1　接地连接的车辆

　　在这种情况下，如果保持接地连接，车辆只能在接地电缆长度允许的距离内行驶。那么作为运输载具，车辆几乎是无用的。

　　术语"地"（ground）被用于描述其假定是电流的返回路径。实际上，存在着术语"电气地"（electrical ground）用于描述回路。许多有关电路的文章将"地"称为"电源电流或信号电流的汇集点"。如果返回电流能理解这种定义，然后与设计师商议好它们应流向的地方，那么这种定义也许是合理的！对于术语地，也形成了一些"有趣"的定义。最近还出现了"脏地"和"净地"的概念。也许就是意识到已有的定义并不合适，所以要继续对"地"做出更多的定义。因此，这些反映了一个重要的事实，那就是"地"并不是前面这些概念所假定的那样。

　　将返回电流的路径看作为"回程"是正确的。这样就能排除有关接地连接的一些错误的基本假设。例如，有时假定地是零阻抗的路径，可以汇集无穷大的电流。但是，问题是现实中并不存在零阻抗这种情况，而且返回路径的载流能力也是有限的。与"地"连接有关的另一个问题是，术语"地"至少有三种用法。后面将讨论这些问题。在本书中，当电源或信号的返回路径具有其实际含义时，作者将不打算使用术语"地"。然而，有些老的习惯难以消除！

为了给出电流返回路径（而不是地）的概念，考虑如下一些基本的事实。

- 第一个重要概念是，电流都必须返回到它的源头。这是一个自然事实。如果不是这样，那么会存在由流动的电流的集聚而产生的一些电荷库，但这是不会发生的。
- 第二个重要概念是，电流都沿阻抗最小的路径流动。大多数人都已知道电流是沿着"电阻"最小的路径流动。当处理低频或直流（DC）问题时，这种表述是正确的。一旦遇到比直流（包括"脉动"直流，其周期接近于零）更高的频率，这几乎是经常会碰到的，那么这时就需要理解阻抗的重要性了。
- 最后一个重要概念是，为了理解电路，必须知道电流的来源及其返回路径。如果假定不同的电流在相同的线路上流动，但不理解这些电流将流向何处，在建立实际条件的模型时，这将会存在困难。

小结如下：

1. 车辆上没有接地连接［或者说对于任何电路都没有从电路到大地（earth）的导线或电缆］。

2. 电流总是沿阻抗最小的路径流动。

3. 当电流的频率大于直流时，这意味着其流动的路径与直流流动时假定的路径不同。

3.2　电流的路径

现在考虑这些表述带来的影响。它们的含义表明，当电流的频率大于直流时，就必须考虑阻抗的概念。这意味着电流的路径也由电路的电感或电容确定，而不仅是电阻！

　　如果电流的路径由电路的电感确定，那么影响电感值的主要是电流环路的大小。这个问题将在后面更详细地进行讨论。注意，由于线束中流过的电流经常并不是假设应流过的电流，因此，本定义隐含所指的是实际的电流回路，而不是为电流假设的线束回路。如果电路阻抗是由电路的电容确定的，那么这个电容与导体的相对位置和间距有关，很显然这不是直流电路路径。

　　最小电阻可能不等于最小阻抗！解决电路板级的 EMC 问题时，常会使用一个术语"地平面"。这是术语混乱使用的又一个例子。这个平面通常是指覆盖大部分区域的导电平面，其目的是让电流按照为其规定的"最小阻抗"路径回到电流源。值得注意的是，这条路径甚至可能是一条电阻较大但阻抗较低的路径！这似乎是与"常识"相违背的，如图 3.2 所示。

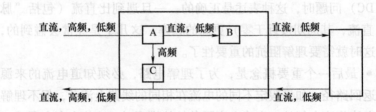

图 3.2　具有不同返回电流路径的电路板

　　适合作为"地"连接的地方，是要具备一些条件的。这些条件通常与安全上的一些考虑及居家和商业设施中的主电源有关。在这种情况下，有些接地连接的路径是要回到接地桩（大地）上。这样做的目的是，电路发生故障时为电流提供一个备用路径。这种接地连接就是当今使用的三芯插头中的第三个插针。对应着接地连接，当今的电气规程要求插座上有一个"插孔"用于连接此插针。这也是为了防止操作者发生安全事故。图 3.3 给出了三芯插头和插座，还标注了极性的连接方法。

　　在电气规程中，有时也有称为"相线（火线）"和"中性线"的连接。图 3.3 所示的也表明了哪根线应连接到哪个端子上。

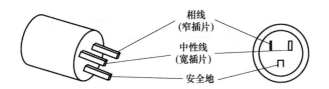

图 3.3　带安全接地的三芯插头和插座

术语"接地"（grounding），还具有第二个含义，通常用在电路中。它实际上是作为电压参考，在此电压参考导线里的电流非常接近零。这种情况如图 3.4 所示。

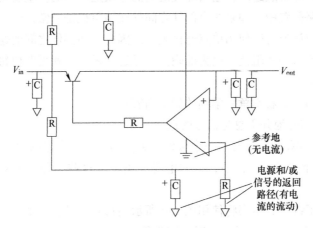

图 3.4　电压参考"地"

这种类型的连接不宜称为接地，它应当被称为电压参考地，因为这是它所执行的功能。

下面介绍另一个常用的概念，看看能否更好地定义正在发生的实际情况。这些情况如图 3.5 所示，它们被称为单点或多点返回路径连接（见表 3.1）。

表 3.1　不同类型返回路径的比较

	单点	多点
优点	参考点相同，最适宜低频	需要的导线少
缺点	导线之间有耦合	阻抗必须接近零

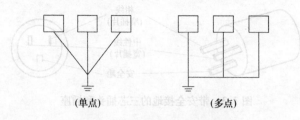

(单点) (多点)

图 3.5 多点和单点返回路径

图 3.4 和图 3.5 所示的情况是试图把现实情况与理想情况联系起来，可以理解成这两种电路配置之间的连线是不同的。重要的是，在多点电路配置中，如果两个部件之间的线路阻抗是非常低的，那么这些连接应该或能够使用单点连接表示。因此，在部件之间的这些连接导线上插入一些阻抗则更为准确。一旦这样做了，就可明白每种连接方法的特点。

总结，看看本章所学到的如下内容：

- 信号地并不总是信号的返回路径。
- EMC 问题常常与一个假设有关，即没有一个好的"地"。
- 重要的是要知道，返回电流的路径及这些路径与电路的阻抗有关。

为了统一，本书将使用图 3.6 所示的符号，其含义如下：

- 安全地，正常运行时电流为零。
- 信号参考地，正常运行时电流接近零。
- 信号或电源返回路径，载流连接线。

安全地， 电压参考地， 信号或电源
正常运行时 无电流 返回路径，
电流为零 流过电流

图 3.6 返回路径的符号

术语"地"使用上的另外一个问题是，它蕴含着多个电接点在任何时候的电位都相同（即 0V）。不幸的是，在许多情况下这种条件是不能满足的，因此，这给不同类型的 EMC 问题的诊断带来了困难。

下面，再次来理解一下电流沿着最小阻抗路径流动的概念。不妨回顾一下图 3.2 所示的电路，对于此电路中的直流和低频（LF）电流，它们都沿着下部的相同路径返回。然而，对于电路中的一些高频信号（这种情况中的高频信号实际上为几十 kHz），它们实际上则沿着另外一条阻抗较小的路径返回。由于电流总是沿着阻抗最小的路径流动，因此这就是直流（DC）和交流（AC）信号为什么沿着两条不同的路径返回的例子。当尽力诊断 EMC 问题时，这可能会再次引起混淆。

3.3 安全接地

安全接地的定义为，电路或一组电路的参考电位为大地或公共参考平面，以防止电击危害和提高电路的可操作性和控制电磁干扰（EMI）。搭接的定义为，为了接地或屏蔽的目的，建立低阻抗路径的一种工艺。由于术语"接地"和"搭接"（bonding）常常被互换使用，因此易引起混淆。本节只讨论电路的接地问题，不涉及金属部件的接地问题（有时称为搭接），如电气设备的外壳、电缆导管、金属硬管和软管。

安全接地的目的是，在出现电气故障时给电源电路的电流提供一个返回路径，使熔断器或断路器正常工作并防止人员受到电击。通过确保以下方面就可实现安全接地，即故障电流路径的阻抗小，载流量足够大，从而使断路器或其他保护装置正常工作。此外，故障电流在设备外壳和地之间产生的电压必须足够低以满足安全要求。故障电流产生的电压为

$$V_{\text{fault}} = I_{\text{fault}} R_{\text{bond}} \tag{3.1}$$

式中，I_{fault} 为故障电流；R_{bond} 为设备接地线的电阻。这个电阻包括接地连接中每一个电搭接的电阻和接地连接中使用的接地带或跨接线的电阻。I_{fault} 的数值为电源系统可以供出的最大电流值。

为了有效地工作，有些电路要求连接到公共参考平面（即"地"平面）。滤波器组件和其他的 EMI 控制措施的接地，可增加对 EMI 的抑制。用于抑制噪声的线对地电容器和穿芯电容器，对于噪声源必须具有低阻抗路径。为了把电流从线路上分流到设备的外壳（防止噪声泄漏到电源线上），在噪声源和线对地电容器之间的路径上的搭接的电阻和电抗在线对地电容器的工作带宽内必须足够低。要记住很重要的一点，即接地对于减小 EMI 并不是"万能药"，不正确的接地可能会使噪声问题更为严重。关于 EMI 控制，好的接地方案的目的是，尽可能减小流过公共阻抗的噪声电流而产生的噪声电压，尽量避免地环路的形成。

图 3.7 ~ 图 3.9 给出了电流环路的隔离方式。单一的参考地是航空航天项目中常用的接地概念。单点接地和单一参考地的目的，是为了减小接地平面中的低频电流和直流。使接地出现混乱的事实是，术语"单点"可以用来指单点星形接地或分层单点接地。为了理解的一致性，单点星形接地指的是星形接地，而分层单点接地指的是单点接地。有关接地方案的其他信息见本书的参考文献。对于读者来说，重要的是要记住，一种类型的接地方案适用于功率信号，另一种类型的接地方案适用于 RF 信号，还有一种接地方案适用于模拟信号和电缆屏蔽层。根据需要，利用不同的接地概念以满足安全、可操作性的增强和 EMI 控制的要求是很重要的。

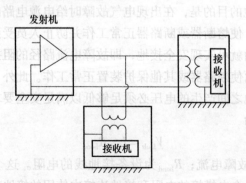

图 3.7　数据总线的隔离

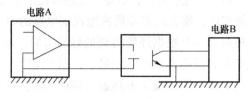

图 3.8 光电隔离

3.4 单点接地（单一参考）

单一参考接地方案是由星形接地派生出来的。每个孤立的电气系统仅能与接地平面连接一次。在大多数情况下，接地平面为车辆自身或有效载荷结构。和星形接地中用于孤立系统参考地的导线或电缆相比，用于局部参考地的跨接线和两个接地点之间的金属条（如果进行了良好的搭接）应有较低的阻抗。这就减小了由流过接地系统中的噪声电流所产生的噪声电压。

地环路隔离

为了避免违反单点接地，保持电路的隔离是很重要的。如果违反了单点接地，则会导致地环路，这种地环路会辐射噪声或拾取外部源的噪声。在配电系统中，常使用带有隔离变压器的开关电源以防止形成地回路。电源的输出应对应参考地，通过这种电源供电的任何负载都应电源结构隔离。一个箱内的电源给第二个箱提供电能。第二个箱的输入与地隔离。两个箱之间发送的信号的隔离可以采用多种方式。最常用的方法为采用隔离变压器、光电隔离、平衡差分电路或有专用返回路径的单端电路等。图 3.8 给出了使用光电隔离的控制电路。图 3.9 给出了在两个箱体之间的一条平衡的差分数据线。另一种可选方法是单端电路。在此电路中，电流是通过专用的导线返回而不是通过接地平面。

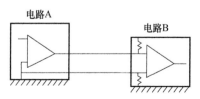

图 3.9 平衡差分数据线

防止共阻抗耦合的理想方法，是每个电路都使用单独的返回路径。既然这不是总能实现，那么就需要周密地规划电路的布局。当不同电路共享返回路径时，一个根据经验得到的好的布局，如图3.10所示。图中，净噪电路的位置距离单点接地最远，而产生噪声的电路则距离接地点最近。这是通过限制噪声电路返回路径的阻抗以限制共阻抗的耦合。与此相反的是，对共阻抗耦合不敏感的电路的放置位置应远离接地点，而对共阻抗耦合敏感的电路应靠近接地点放置。电路越靠近接地点，共阻抗产生的噪声电压则越小。

图3.10　共享返回路径的布局原则

第4章　EMC 基本概念

4.1　天线

　　许多 EMC 问题是由辐射源传输的能量产生的。为了理解这种能量辐射，这里有必要讲述一些基本的电磁原理。其中之一是"各向同性的点源能量辐射体"，如图 4.1 所示。对于此点源辐射体，源的半径为零，在所有方向上辐射的能量相等。

　　通过辐射有意传输能量的实际能量源称为"天线"，它们具有一些重要的特性，这些特性与各向同性辐射体的有所不同。第一个特性为方向性，其为最大能量的传输方向。第二个特性为增益，其与能量传输波瓣图的形状有关。

　　在看天线的方向性时，通常都能看到图 4.2 所示的"增益图"。增益是指在输入功率相等的条件下，被研究天线在它的最大辐射方向上产生的

图 4.1　各向同性的点源辐射体

辐射功率密度与无方向性天线在该处产生的功率密度之比。在 EMC 中，另一个概念为天线系数，它与辐射的能量和终端上产生的电压之间的传输函数有关（这将在后面详细地讨论）。

　　下面将讨论基本类型天线的概念和设计。由于天线的物理原理和数学计算非常的复杂，讲述需要很多的时间，因此鼓励读者查阅相关的天线书籍进行深入理解。本书的目的，只是讲述与 EMC 问题有关的基本类型的天线。

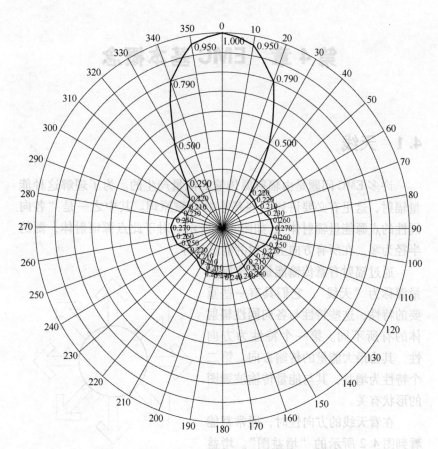

图 4.2　调幅广播电台定向天线的波瓣图（增益图）

常用天线类型

两种常用天线类型为"四分之一波长"和"半波长"天线。从这些名称可以得知，它们的物理尺寸近似为波长的一部分，波长则由波的传播速度和预期的工作频率决定（前述已讨论过）。例如下面两个常用天线：

- 用于接收 100MHz 信号的半波长天线，其尺寸近似为 1.5m。
- 用于接收 100MHz 信号的四分之一波长天线，其尺寸近似为 0.75m。

　　这些天线的最大辐射方向垂直于天线振子的轴线。因此，这些天线被称为"全向"天线。

　　另外一种基本天线类型为"增益"天线。由于这种天线主要是从一定的方向上发射和接收能量，因此这种天线与全向天线是有差异的。从某种程度上来说，半波长天线和四分之一波长天线都具有一定的方向性，尽管它们通常没有被定义为增益天线，但其特性使得它们在某些方向上很灵敏，如图 4.3 和图 4.4 所示。

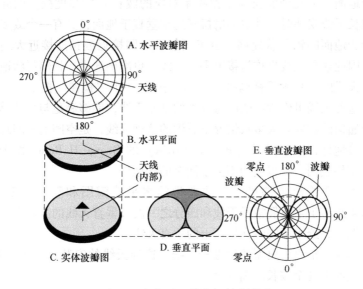

图 4.3　偶极子天线的辐射波瓣图

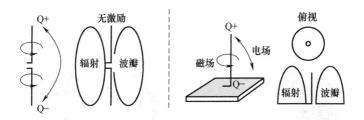

图 4.4　半波偶极子天线的波瓣图（左）和四分之一
波长垂直天线的波瓣图（右）

　　除了方向性，这些天线的另外一个特性为谐振阻抗（辐射电阻）。辐射电阻是指，当天线连接到信号源上时呈现的有效电阻。通常作为偶极子天线的半波天线的辐射电阻近似为73Ω。对于四分之一波长天线，通常和天线地网（通常称为"接地平面"）一起使用时，其辐射电阻近似为37Ω。

　　下面来更深入地了解偶极子天线和四分之一波长天线。偶极子天线的结构通常平行于地面，为了通信的目的，在理想情况下，它们应位于地面以上几个波长（工作频率对应的波长）的高度处。四分之一波长天线安装时，其主辐射振子通常垂直于地面，具有一个或多个平行于地面的辐射状地网。由于辐射状地网接近或预期接近大地自身，因此这种天线也称为接地平面天线。更准确地讲，将辐射状地网作为天线的"接地平衡网络"，目的是产生一个"镜像"振子。

　　这种天线可作为有效的低成本的基站天线，能够满足与移动单元进行通信的需要。大多数情况下看到的这种天线，是空间上等间距的四个接地杆，但美国无线电公司（RCA）的 George H. Brown 博士的研究结果表明，可以使用不多于两个的接地杆。

　　图4.3 给出了偶极子天线典型的水平波瓣图和垂直波瓣图。图4.4 给出了半波偶极子天线和四分之一波长垂直天线的波瓣图。

　　图4.5 给出了安装在地面上的垂直天线。

　　图4.6 给出了典型的偶极子天线。这种天线的安装为水平配置，位于地面上几个波长的高度处。

图4.5　垂直天线

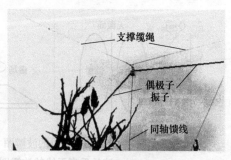

图4.6　偶极子天线

4.2　全向天线

4.2.1　四分之一波长垂直天线

通常用于移动通信的典型的四分之一波长垂直天线的尺寸是多少呢？当确定四分之一波长天线的长度时，可用以下的例子进行计算。下面回想下波长的计算，其等于传播速度（自由空间中为 $3 \times 10^8 \mathrm{m/s}$）除以频率（单位为 MHz），那么四分之一波长天线垂直振子的长度则为波长除以 4。表 4.1 给出了移动通信常用的垂直天线的频率及它们的近似长度。

表 4.1　频率、波长和四分之一波长

频率/MHz	波长/m	四分之一波长/m
27（民用频段）	11	2.7（9ft）
45（陆地移动）	6.7	1.7（5.5ft）
150（陆地移动）	2	0.5（19in）
850（蜂窝电话）	0.35	0.09（3.5in）

注：$1\mathrm{m} \approx 39.37\mathrm{in}$。

4.2.2　接地平面

对一种天线类型使用术语"接地平面"时，其含义如图 4.7 所示，图中的垂直振子位于"参考地"或"地面"之上。如图 4.9 所示，地面为垂直振子的镜像或地网，它表示一个半波偶极子。当讨论这些天线类型时，能明白本例中的难点所在；对于图 4.8 所示的飞机上的垂直振子，什么是接地平

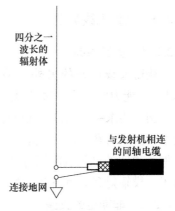

图 4.7　简单垂直天线的基本示例

面呢?

图4.8　地"平面"天线或"接地平面天线"

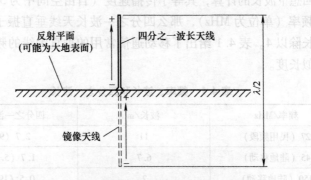

反射平面
(可能为大地表面)

四分之一波长天线

镜像天线

图4.9　通过镜像天线工作的接地平面天线

　　垂直于反射平面的四分之一波长天线在电气上与半波偶极子相同。

4.2.3　其他天线类型

4.2.3.1　天线阵列

　　获得天线增益的另外一种方式是,采用为固定广播电台提供"定向"能力的方法。这可通过在阵列结构中使用单个天线来实现。在美国,要求一些调幅广播电台在夜间提供定向的广播以避免干扰其他电台。这通常是通过给阵列中的不同天线进行馈电得以实现的。这个例子说明的是天线的辐射是怎样相互抵消以形成定向的辐射方式。对于差模辐射和共模辐射,本书第8章将进行讨论。

4.2.3.2　非期望的天线

　　除了有意建立的天线,当仅考虑部件时,与其相连的导体会产生一个并不存在的系统。导体会导致能量传输效率的增加。在较低频率时，仅与部件自身（其尺寸要小于导体和部件的组合）相比，导体的特性更像一副天线。经验数据表明，当导体的长度大于特定波长的10%时，它就开始成为一个有效的辐射体。例如，对于印制电路板上的走线，当长度近似为0.15m（6in）时，在大约200MHz时将成为系统发射的有效辐射体！既然四分之一波长天线为极好的辐射体，则10%的规则是合理的。

在评估似乎与部件尺寸相矛盾的部件级的试验结果时，通常容易混淆对EMC有着重要作用的系统辐射。如图4.10所示，若部件的尺寸为D_0，则部件的发射可用能量传输相对于能量波长的曲线表示，如图4.10所示最右边的曲线。若导体的长度为D_1，则可绘出能量传输作为波长函数的曲线，如图4.10所示中间的曲线。然而，部件和导体组合在一起的能量转移曲线，如图4.10所示最左边的曲线。当导体的长度大于波长的10%时，估计能量传输会显著增加。可以将这种情况与前面讨论过的标准天线相比较。如果把四分之一波长天线和波长的10%相比较，既然四分之一波长天线为波长的25%，远大于波长的10%，则上述能量传输会显著增加的论断是正确的。

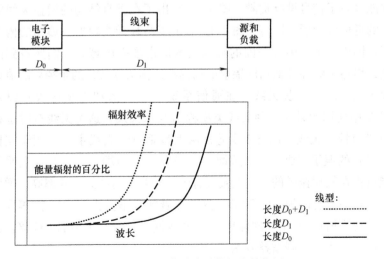

图 4.10 能量传输中导体长度的作用

4.2.3.3 缩尺天线

通过在导体中串联电感元件可以建立另外一种类型的天线，并且此导体的物理尺寸短于四分之一波长天线的电长度。通过使用这种感性元件，在使用的频率，天线的物理尺寸短于波长的四分之一，但在电气上其长度仍为四分之一波长。这个原理使用在利用高频进行通信的车辆上。如果不使用感性元件，则天线会非常长，安装在车辆上是不实际的。这种天线使用感性元件的原因是，通过附加感性元件可以使天线在电气上变为波长的四分之一，因此可以和发射机的 50Ω 阻抗进行良好的匹配。这种技术也使用在便携式的电子装置上，目的是减小装置（如移动电话）的物理尺寸，但其仍是有效的能量辐射体（见图 4.11）。不幸的是，从汽车 EMC 的角度，这也意味着电缆或导线中的非预期电感会形成有效的天线，但这并不是人们所想要的。对利用电感值作为导体长度的函数感兴趣的读者，可参考本章 4.3 节。

垂直天线具有多种配置，它们也作为增益天线。这些天线基本上都是修改采用标准四分之一波长天线的有效辐射波瓣图（见图 4.12和图 4.13）。这种辐射波瓣图更多是接近水平面并沿着较低的角度集中，有效地"增加了天线的范围"。在移动通信系统中辐射到天空中的能量对于信号没有贡献。图 4.12 给出了在垂直结构的增益天线附近的近似波瓣图。同时，图 4.13 给出了两种天线辐射波瓣图的俯视图。图中，天线中心周围的圆线表示恒定场强区域。人们所看到的是，增益天线在较低角度辐射的场强在距离天线较远的半径处的值要大于四分之一波长天线。在通信系统（或广播和电视接收）以及 EMC 中使用的另外一种天线类型称为八木天线。这类天线有时也称为"鱼骨"天线。这类天线通常由大量垂直于天线主轴（用于支撑振子）的振子组成。主轴后端的振子要长于前端的振子。这表明了能量将在较短振子的方向上被最有效地接收。这些天线效率高，增益高，增益值有时为 10~20dB！这意味着如果增益为 10dB，则等同于信号功率增加 10 倍。同样地，20dB 等同于信号功率增加 100 倍。如果用公式表示，则增益 G 为

$$G(\text{dB}) = 10 \lg(P_2/P_1)$$

式中，P_1 为参考天线的有效辐射功率；P_2 为增益天线的有效辐射功率。

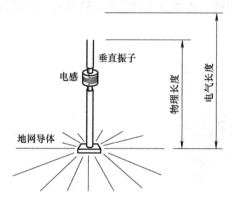

图 4.11　中心加载的垂直天线

图 4.12　垂直单偶极子辐射波瓣图的侧视图

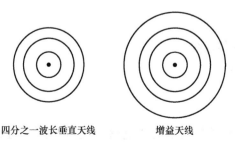

四分之一波长垂直天线　　　增益天线

图 4.13　单偶极子辐射波瓣图的俯视图

4. 2. 3. 4 增益天线

图 4. 14 和图 4. 15 给出了增益天线的特定例子，分别称为喇叭天线和对数周期天线。正如以上讨论的，这两种天线都为定向天线且有一定的增益。

图 4. 14　喇叭天线

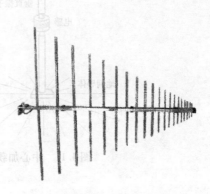

图 4. 15　八木天线

4.3　EMC 中使用的其他部件

本节将讨论 EMC 中使用的其他部件的基本原理。由于它们构成了 EMC 中的大部分预期和非预期的电流路径，因此理解这些部件的物理特性十分重要。本节主要讨论的内容如下：

- 电感
- 电容
- 电阻
- 电缆和传输线
- 屏蔽体

4.3.1　电感

许多人虽经常使用术语"电感"，但并没有真正理解它的含义。电感的单位为导出单位，表示电流环路的一种特性，即环路上产生的电压与环路中流过的电流的变化率之间的比值。电感的基本单位为 H（亨利）。

1H 定义为每秒 1A 的电流变化产生的电压为 1V。

电感、电流的变化率和电压之间的关系可用数学表达式表示为

$$V = -L \frac{dI}{dT}$$

式中，V 为产生的电压；dI 为电流的变化（A）；dT 为电流从最大值变化到最小值时所需的时间。

对于大多数的应用，并不需要了解实际的微分计算式，利用线性确定变化率是可接受的，通常用符号 Δ 表示。当要确定感性装置对电路工作的影响时，则理解上述方程是非常的重要。

从物理的角度，什么是电感呢？对于汽车系统和部件的导线，从 EMC 角度这又意味着什么呢？

理论上，电感等于导线的内电感 L_{ii} 和外电感 L_e 之和。在实际当中，内电感最多为外电感的 1%，可以忽略。因此，电感的主要来源为导体环路的几何尺寸。对于空气中的单匝环路，电感的计算公式如下：

$$L(\mu H) = (A/100)[7.353\lg(16A/D) - 6.386]$$

式中，A 为环路的半径（in）；D 为导线的直径（in）。

同样地，电感还有另外一个重要方面，不管对于新手还是有经验的工程师，在电气电子领域这都是一个容易误解的术语。描述电感时会用到两个术语：一个称为"自感"；另一个称为"互感"。自感是指电感产生的电压抑制流过其上的电流变化的特性。正如以上所表述的，应理解肯定存在一个完整的电流路径，这是非常重要的。这也意味着当出现自感时必须存在电流环路。

互感表示的是，一个导体在另外一个导体中产生感应电流的能力。由于这意味着单条直导线的电感为零，因此理解这个物理特性是很重要的！这可通过一个非常简单的试验例证：第一步，取一段导线，将它绕成封闭一定区域的环路并测量电感。第二步，是取一段较长的导线（假设为 2 倍长），将它绕成另外一个封闭一定区域

的环路并测量电感。若电感为直导线长度的特性，则可以得到上述较长导线的电感应准确为较短导线电感的 2 倍。但这里进行的非常简单的试验表明，较长导线的电感实际上是小于较短导线的电感。另外，也可以使用环路电感的计算公式，通过计算也能够表明较长导线具有较小的电感。这是因为电感与环路所围的面积相关，而不是与导线的长度相关。读者以前可能听过或使用过电感的另外一个术语"扼流圈"。这个术语所暗含的是通过增加阻抗，电感能抑制流过的电流。

4.3.2　"大的"导线环路的电感

Bruce Armchambault 博士所著的 *PCB Design for Real- world EMI Control* 中完整地讨论了如何确定一些类型环路的电感，其中一些如图 4.16 所示。

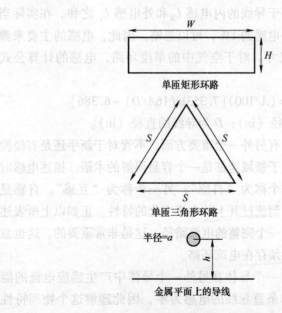

单匝矩形环路

单匝三角形环路

半径=a

金属平面上的导线

图 4.16　几种类型的导线环路

美国密苏里科技大学已经开发了计算不同尺寸环路的电感的计算

机程序。它们称为"电感计算器",参见网址:http://emcsun.ece.
umr.edu/new-induct/。

本书作者已经使用上述"电感计算器"计算了汽车上不同导线
结构的电感,并与实际测量值进行了比较,数值相当吻合。

4.3.3　电容

另外一个部件为电容。下面可以回想一下,电容是由电介质隔开
的两个导体构成的,如图 4.17 所示。

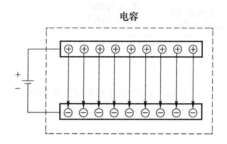

图 4.17　两平板之间电场的电容

4.4　理想部件和实际部件

当处理 EMC 问题时,记住一点很重要,即这里使用的是实际部
件,并不是教科书中讲述的理论部件,如电感器仅有电感、电容器仅
有电容、电阻器仅有电阻等。

这里要提出的一个重要问题就是,有多少产品仅是由理论部件构
成的呢?答案很简单,没有!因此,在 EMC 领域中,要理解的另外
一个问题是理想部件和实际部件之间是存在差异的。图 4.18 给出了
理想电容器和实际电容器之间的差异,图 4.19 给出了理想电感器和
实际电感器之间的差异。理想的电感器仅有电感,实际的电感器则有
并联的寄生电容。理想电容器仅有电容,而实际电容器具有串联
电感。

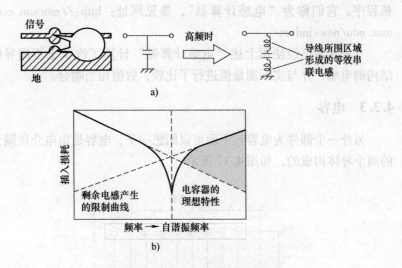

图 4.18　理想电容器和实际电容器
a）电容器的等效电路　b）剩余电感效应

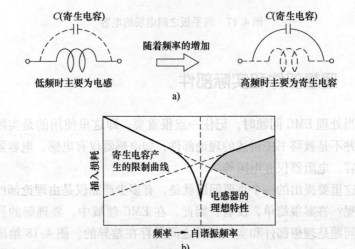

图 4.19　理想电感器和实际电感器
a）电感器的等效电路　b）寄生电容效应

有关电容的特性复述如下：
- 电容量与平板的面积及介电常数成正比。
- 电容量与平板之间的距离成反比。

图 4.18 给出了实际电容器的以下特性：
- 低频时，电容起主要作用。
- 高频时，电感起主要作用。

由于自谐振效应，某些类型的电容器优先使用在特定的频段，如表 4.2 所示。

表 4.2　不同类型电容器的最佳使用频率范围

类　　型	频 率 范 围
铝电解	1Hz ~ 10kHz
钽电解	1Hz ~ 10kHz
纸介或聚酯树脂	100Hz ~ 5MHz
陶瓷	1kHz ~ 100MHz
有机薄膜	1kHz ~ 9GHz
云母、玻璃或陶瓷	5kHz ~ 10GHz

图 4.20 和图 4.21 分别给出了电容器和电感器的阻抗相对于频率的曲线。在谐振点之后随着频率的增加，电容器的阻抗幅值（用字母 Z 表示）随之增加。在谐振点之前，电容器的阻抗幅值随着频率的增加而减小。如果认为电感器是由串联电感和并联电容构成的，则从某频率点开始，部件的阻抗幅值随着频率的增加而减小。如果认为电容器是由电容和串联电感构成的，则从某频率点开始，部件的阻抗幅值随着频率的增加而增加。若没有认识到实际部件的阻抗是和频率相关的，则即使认为是好的电路设计或实现也是会产生问题的。例如，在设计含有运算放大器的电路中，要理解电路中使用的电容器的重要阻抗特性，这一点是非常重要的。这种现象称为元件的自谐振点，通常记为 f_r。谐振点可用谐振电路的计算公式进行计算。主要问题是要理解寄生元件和预期装置的数值。

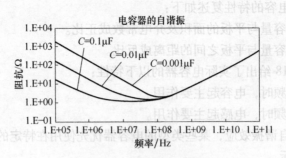

图 4.20 电容器的自谐振

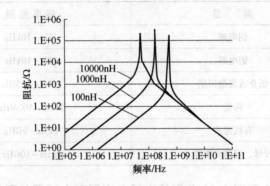

图 4.21 电感器的自谐振

如表 4.3 所示，不同类型的电感器具有不同的特性。应尽可能减小漏磁通以避免耦合到附近的电路。

表 4.3 电感器的特性

电感器的类型	漏磁通
开磁路	大
闭磁路	小
环状	非常小

第三种基本部件为电阻器。表 4.4 总结了电阻器的类型。取决于结构的类型，电阻器也会呈现出频率敏感性和自谐振。通过查阅制造商的技术指标可确保电阻器的阻抗不会受到信号频率的影响。

表 4.4　电阻器的特性

电阻器的类型	成本	频率敏感性	承受电流的大小
炭质	低	低	小
线绕	高	感性	大
薄膜	中等	中等感性	小
贴片	中等	中等感性	非常小

4.5　传输线

传输线用于天线和发射机之间的能量传输，如图 4.22 所示。

图 4.22　连接发射机和天线的传输线

传输线的类型很多，本节仅讨论经常使用的传输线。它们具有相似的特性和功能，但它们的结构很不相同，每一种传输线的要求也很不相同。图 4.23 和图 4.24 给出了两种主要类型的传输线，即"明线"和"同轴线"。这两种传输线之间存在重要的差异。明线线路某种程度上像一副梯子，两导体互相平行，绝缘子位于两导体之间。这种传输线既有优点也有缺点。这种传输线的优点之一，是非常易于连接，不需要使用特殊的连接器。另外一个优点是，成本低、低损耗。其缺点是，由于其结构，它对外部噪声几乎起不到屏蔽作用，也不能阻止传输线对外辐射的能量。同轴电缆克服了上述这些缺点；但它们通常成本高，要求使用圆柱连接器（必须固定在同轴电缆上）进行特殊连接，这样才能确保连接到匹配连接器。同轴电缆的另外一个缺点是较高的损耗，这会导致从天线到接收机或从发射机到天线传输的功率减小。此外，同轴电缆内波的传播速度小于自由空间中的传播速度，这意味着电缆内波的波长与自由空间中的波长不同。因此，电缆内的波长稍微短些。

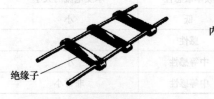

绝缘子

内导体
铜编织线外导体
聚乙烯

图4.23　明线传输线　　　　图4.24　同轴传输线

4.5.1　常用传输线的特性

表4.5给出了常用传输线的特性。

同轴电缆的类型很多，虽然它们之中很多具有相同的阻抗，但它们所能承受的最大功率是不同的。最大承受功率为以下两参数的函数：绝缘所使用的电介质材料介电性能；电介质所能承受的电压。另外一个重要的是电缆的外直径。众所周知，通常当外直径增加时，电缆所能承受的最大额定电压也随之增加。电缆中使用的介电材料类型很多，包括空气。另外一种电缆类型为平行线或"明线"传输线。人们能够理解的是，当导体相对移开时，它们之间的电容量将随之减小，能够施加的最大工作电压随之增加，阻抗也随之增加。

4.5.2　传输线的目的

通常利用传输线法，把能量从发射机（或射频源、放大器）传输给天线、传感器或其他类型的射频负载，如图4.25所示。这里关心的一个重要方面是，从传输线到负载的阻抗匹配。为了回想最大功率传输的概念，使用直流电路进行简单的类比，即负载电阻和源电阻相匹配时能实现最大功率传输。除了用阻抗代替电阻，这也同样适用于传输线和射频能量的情况。当$Z_{load} = Z_{cable}$时得到最大功率传输。这将导致反射功率为零。实际上，既然没有真正的理想部件，则肯定存在一定量的反射能量。"反射系数"Γ的计算公式如下。人们也经常使用术语电压驻波比，其与反射系数相关联。在实际中，大的反射系数会导致实际试验设备的损坏或至少产生错误的结果。

$$\Gamma = (Z_A - Z'_0)/(Z_A + Z_0)$$

式中，Z_A 为负载阻抗；Z_0 为传输线的特征阻抗；Z'_0 为 Z_0 的复共轭。

电压驻波比为

$$SWR = (1 + |\Gamma|)/(1 - |\Gamma|)$$

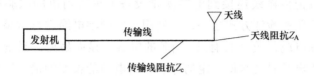

图 4.25　发射机通过传输线给天线馈电

表 4.5　常用馈线的损耗（单位：dB/100ft）

频率/MHz	RG-58	RG-8X	RG-8A, RG-213	RG-8 泡沫绝缘	9913 及其等同的	0.5in、50Ω的硬线	明线
1.8	0.5	0.4	0.3	0.2	0.2	0	0
3.5	0.7	0.5	0.4	0.3	0.2	0.1	0
7	1.1	0.7	0.5	0.4	0.3	0.2	0
10	1.4	0.9	0.6	0.5	0.4	0.2	0
14	1.7	1.1	0.8	0.6	0.5	0.3	0
18	2.0	1.2	0.9	0.7	0.6	0.3	0.1
21	2.2	1.3	1.0	0.7	0.6	0.3	0.1
24	2.4	1.4	1.1	0.8	0.6	0.3	0.2
28	2.5	1.5	1.3	0.8	0.7	0.4	0.2
50	3.5	2.1	1.7	1.2	0.9	0.5	0.3
150	6.5	3.6	3.0	2.0	1.6	1.0	0.7
220	8.4	4.6	4.0	2.6	2.0	1.3	—
450	12	6.5	5.8	3.6	2.8	1.9	—
900	19	9.6	9.0	5.4	4.0	3.0	—
1200	23	12	11	6.4	4.6	3.7	—
2300	—	15	15	8.8	6.4	5.2	—

4.5.3 传输线的电容

传输线的模型包括分布电容和分布电感。这意味着对于给定长度的传输线，存在一个并联电容，该并联电容是电缆长度的函数。这可通过把传输线连接到电容测量设备上进行简单的试验得到验证。最简单的验证方式之一，是使用一段同轴电缆进行试验。大多数的同轴电缆每英尺具有几十 pF 的电容。显而易见，当电容测量设备连接电缆时会测得一定的电容，若电缆的长度加倍，则电容值也将加倍。

4.5.4 传输线的阻抗

对于用于 RF 的传输线，似乎工程应用中很容易出现误解。下面将讨论传输线的特性，并将这些特性和实际的物理属性联系起来，最后给出传输线几何结构的例子。

传输线模型如图 4.26 所示，传输线由相同集总元件（与单位长度传输线的特性有关）的连续序列表示。这将涉及两个参数。第一个参数为传输线的"特征阻抗"。这里要重点理解的是，这个阻抗不是电阻。它是分布元件的电抗和射频信号频率之间的复杂关系。另外一个参数为信号沿传输线传播时的传播速度。应记住，在真空中的传播速度为光速。在传输线中，速度仅为光速的一部分，从而在传输线中信号的有效波长将减小。典型的传播速度大约为光速的 60% ~ 80%（称为相对于光速的速度系数）。对于同轴电缆，特征阻抗通常大约为 50 ~ 100Ω；对于明线传输线或"双绞线"，特征阻抗大约为 300Ω。

特征阻抗的计算公式如下：

$$Z_0 = \sqrt{L/C}$$

式中，L 为分布电感；C 为分布电容。

显而易见，特征阻抗作为导体之间的相对关系的函数而变化。例如，当导体互相远离时（其他条件不变），导体之间的电容会减小，这将导致 Z_0 增大。表 4.5 给出了传输线的特性，其中明线类型具有

较大的 Z_0。

明线电缆和同轴电缆的其他特性如下：

• 明线为低损耗的电缆且易于连接，有时具有公共的扁形接头。

• 同轴电缆要求使用特殊的连接器，安装比较困难且成本高。此外，还需要这些连接器保持正确的几何结构以确保 Z_0 的一致。

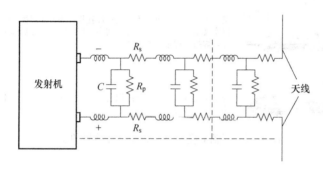

图 4.26　传输线模型

4.5.5　如何安装 PL-259 连接器

既然 EMC 和 RF 领域经常使用同轴电缆，那么讲述如何安装最常用的连接器则是很有必要的。这种连接器已经使用了很多年，被称为 "PL-259" 或 "UHF$_2$" 连接器。图 4.27 给出了同轴电缆安装这种类型连接器的步骤。对于任何类型的同轴连接器，重要的是保持内导体和外屏蔽层的完整，保持尺寸的稳定，从而保持阻抗的稳定。安装同轴连接器具有两个重要的方面：第一个方面是移去外绝缘层；第二个方面是准备中心导体。当把连接器安装到电缆上时重要的是要精细，目的是保证屏蔽层或中心导体不会受到任何损坏。当了解了屏蔽层和中心导体所要求长度的准确尺寸后，接下来最重要的是正确进行焊接以提供足够的连接。通过遵循这里给出的示例，可实现好的连接。

UHF PL-259的端接指导

第1步

$a=1.25(31.8)$
$b=0.887(17.4)$
$c=0.625(15.9)$

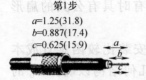

把联接圈穿到电缆上。切开电缆的一端,剥去一段电缆的外套、编织层和电介质。所有切口的轮廓应清晰且为平面。切的过程中不应损坏编织层(屏蔽层)、介电材料(绝缘层)或中心导体。给裸露的中心导体和编织层上锡,同时避免过热。

第2步

这里进行焊接

把插头组件拧到电缆上。通过焊孔将插头组件焊接到编织层上,以实现编织层和插头外壳之间实现好的搭接,然后焊接中心导体,焊接过程中不能过热。

第3步

为了实现直式插头的最终组装,把联接圈向前移动,正好拧在插头组件上即可。

图 4.27　同轴电缆安装"UHF"连接器的步骤

4.5.6　同轴电缆的样品

图 4.28 给出了典型的同轴电缆和明线传输线,包括电缆的中心导体及包裹中心导体的绝缘层,以及外导体(称为屏蔽层)。它看起来像包裹中心导体绝缘层的编织导线。图 4.28 同时给出了不同尺寸和阻抗的同轴电缆。

图 4.28 所示的导线为不同类型的明线或双绞电缆。显而易见,它们的结构非常简单,两个导体之间具有绝缘层。同轴电缆的额外特性是能屏蔽外部电源产生的电场及屏蔽电缆自身的辐射。图 4.29 给出了具有这种特性的原因。有时,同轴电缆屏蔽效能的原理似乎与RF 能量沿着导线传播的事实相矛盾。已经知道,RF 能量沿着外导

图 4.28　不同类型的同轴电缆

体传输，能量也同样沿着同轴电缆的中心导体传输。如果 RF 能量沿着屏蔽层上的外导体传输，则这似乎表明 RF 能量会沿着同轴电缆的外层传输，那么同轴电缆便没有屏蔽效能。实际上，电流沿着中心导体的外部传输，由于如下原因，即中心导体上能量的返回电流是沿着屏蔽层的内表面流动的（由于电荷相似于电容，电容的两导体之间存在电场），因此实际上是位于介电材料中。

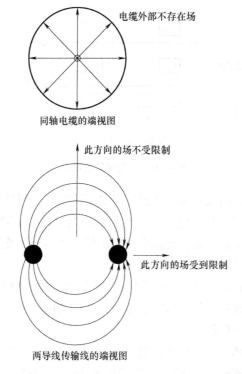

图 4.29　同轴电缆辐射与明线传输线的辐射

根据以上的讨论，很容易理解为什么明线传输线不能屏蔽外部能量且会向外辐射能量。对于这种传输线，信号和返回信号沿着导线传输且暴露在外部环境中。术语平衡和不平衡也经常用来描述传输线。这与导体和另外一个导体及外部环境之间的耦合有关，如图 4.30 所示。这并不意味着 UHF 连接器在高频时具有好的阻抗匹配。

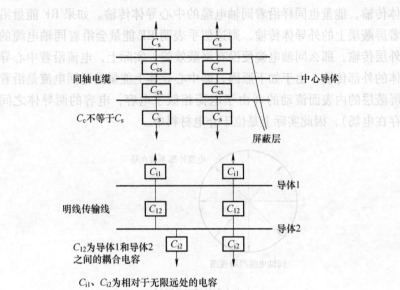

图 4.30　电缆导体的耦合

　　对于导体之间及导体与外部环境之间的耦合，则显而易见，明线传输线导体之间及与环境之间具有相同的电容耦合。对于同轴电缆，中心导体与屏蔽层之间存在耦合，屏蔽层与中心导体及外部环境之间存在耦合，这导致了非平衡的情况。

　　总之，已讨论了作为 RF 传输线的不同类型的同轴电缆，表 4.5 给出了有助于选择电缆的信息，也讨论了电缆的尺寸，且表明了同轴电缆的连接要比明线传输线更为复杂。

　　要重点强调的是，电缆的选择取决于好多因素，包括每类电缆的损耗系数、物理尺寸和阻抗（在 EMC 领域，电缆的阻抗通常为 50Ω 或 75Ω）。

　　如果能够证明抗扰度问题是由导线拾取的电场并传导进装置所产生的，则可以使用一些导线屏蔽的技术。通常人们对于怎样屏蔽电场和磁场还是存在很多混淆。下面将讨论这种屏蔽的基本原理及磁场屏蔽和电场屏蔽技术的不同之处。

　　屏蔽导线的目的，是防止导线拾取外部的能量。这种能量主要由电场或磁场产生。

最简单的一种屏蔽层，是利用同轴电缆的屏蔽层。这样做的理由如下：同轴电缆的屏蔽层能屏蔽电场；此外，同轴电缆的两导体之间彼此靠近，减小了中心导体和屏蔽层之间的有效环路面积，从而可提供磁场屏蔽。对于电场屏蔽，所需要做的是把屏蔽层的一端和返回线路相连接。当电缆的长度小于所关注频率对应波长的 10% 时（这会产生 EMC 问题），屏蔽层的一端仅需要与返回线路相连接。当屏蔽层的长度大于所关注频率对应波长的 10% 时，屏蔽层则要沿着同轴电缆在多点与返回线路相连接。对于减小磁场耦合，通常需要把屏蔽层的两端与返回线路相连接，目的是提供返回电流路径，从而把产生的磁场抵消。

屏蔽电场的有效方式是为容性耦合值建立等效模型。使用类似的方法，屏蔽磁场的有效方式是为感性元件建立等效模型。

4.6　屏蔽体

4.6.1　屏蔽体的作用

读者可能并不熟知电磁屏蔽的数学计算和定量分析过程，但从直观上能够理解其概念。屏蔽体的概念很简单，从 EMC 角度来说有如下两个作用：

- 阻止屏蔽体内的发射出去。
- 阻止屏蔽体外的源和能量的发射进入。

大多数人都能意识到，屏蔽体的作用是把干扰场和工作部件相隔离。屏蔽体用于防护两种类型的场，即电场和磁场。那么回想一下，电场是由电压产生的，磁场是由电流产生的。屏蔽体是否能真正起作用，可使用屏蔽效能（缩写为 SE）来度量。SE 的单位为 dB（分贝），用于度量所隔离场强电平的量级。对于好的屏蔽体，通常其屏蔽效能可达到 100dB 或更大。这意味着，对于电场，屏蔽体一侧的场强电平要比另一侧的场强电平在幅值上大五个数量级，甚至更大！

为了获得大的 SE, 尤其在非常高的频率, 这带来的挑战就是屏蔽体不应有任何影响其完整性的孔、缝隙或开口。对于 EMC 试验使用的电波暗室, 需要使用互连的金属屏蔽体提供大的 SE, 这也是建造和维护这些电波暗室成本高的原因之一。由于数字计算机速度的增加, 会不断面临一个复杂的问题, 即在机壳上要开口以与外围设备、电源电缆和输入/输出装置相连接。为了实现这些连接, 甚至小的开口都会影响好屏蔽体的屏蔽效果。

4.6.2　屏蔽效能

　　下面研究屏蔽效能的计算。以上已经表述过, SE 的单位为 dB, 可由屏蔽体两侧的场强比值进行计算, 如图 4.31 所示。

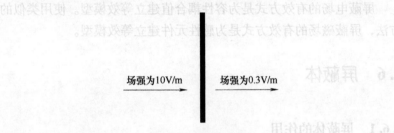

场强为10V/m　　　　场强为0.3V/m

图 4.31　屏蔽效能

　　SE 的计算如下:

$$SE = 20lg(10/0.3) = 30.5dB$$

　　这表示了此屏蔽体可将场强减小 30.5dB。

　　屏蔽中产生的实际过程包括以下两个主要方面:

　　- 入射场的反射;

　　- 屏蔽材料中吸收的能量。

　　这种机理中每个量的大小取决于, 这种场是电场还是磁场, 是低频还是高频, 如图 4.32 所示。

入射波

反射波

图 4.32　来自屏蔽体
的反射波

如图 4.32 所示，能量源位于屏蔽体的左侧，所要防护的装置位于屏蔽体的右侧。对于电场屏蔽，低频时影响 SE 的主要是反射，高频时影响 SE 的主要是屏蔽体吸收的能量。

4.6.3　电场屏蔽设计中的重要参数

一个重要参数为屏蔽材料的厚度，有时也称为屏蔽体的厚度。知道屏蔽体的厚度及与所关注的特定频率的趋肤深度之间的关系，是很重要的。若屏蔽材料的厚度等于或远大于趋肤深度，那么材料内具有衰减。若屏蔽材料的厚度等于或小于趋肤深度，那么对 SE 起主要作用的是入射场和屏蔽材料之间界面上的反射，如图 4.33 所示。

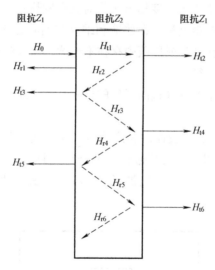

图 4.33　薄屏蔽体中的反射

研究人员已证明了材料的厚度对屏蔽磁场起主要作用。这是因为当磁场穿过屏蔽材料时会对其产生衰减。由于磁场会在屏蔽材料（导体）中产生感应电流，这些感应电流以环形方式流动，因此会产生衰减。这种方式类似在水中所看到的流动方式，称为涡流，如图 4.34 所示。

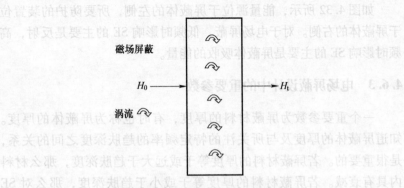

图 4.34 屏蔽材料中的涡流损耗

值得注意的另外一个方面是，由于 I^2R 损耗的存在，这些环流也将产生热（这易于知道，变压器工作时其会发热）。

使用屏蔽体的难点是，在建造和维修它们时必须确保其完整性。如果屏蔽体上存在开口或屏蔽中存在不连续，那么对要防护的装置或部件将形成泄漏路径。

可以计算能量能够穿过的开口的尺寸。这些开口尺寸与能量的波长相关。

图 4.35 中，若屏蔽体的长度为 D，且 D 远大于所关注的波长，则屏蔽效果会很显著。若屏蔽体上有开口，且其尺寸等于特定发射频率（或其谐波频率）对应波长的 1/2，则其特性类似一副半波天线。

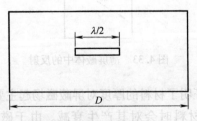

图 4.35 屏蔽体上的开口

然而，对于不能使用传统天线的情况，上述特性在实际使用中具有一定的优点，如在飞机上。在这种情况下，飞机表面上的天线可能要被拆掉，它会影响表面上的气流。这就需要设计屏蔽体，然后在其上开口，这个开口使用非屏蔽材料予以覆盖。这种开口将作为有效的天线。这些天线的典型使用频段为甚高频或更高。

下面看看图 4.36 所示的这种情况的一个实际例子。假设有一个完整的屏蔽壳体，里面放置两台无线电接收机。一台接收机的接收信号为调幅广播频段（大约为 1MHz），另外一台接收机的接收信号大约为 500MHz。当屏蔽壳体的外部存在 1MHz 和 500MHz 信号时，由于接收机位于屏蔽壳体的内部，它们都没接收到信号。

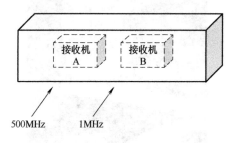

图 4.36　位于屏蔽体内部的接收机

现在在屏蔽壳体上开几个小口，如图 4.37 所示，长度分别为 0.75m、1m 和 2m，接收机中的一个会接收到信号，这个信号肯定为 500MHz，接收 1MHz 信号的接收机几乎没有受到这些开口的影响。接收到 500MHz 信号的原因是，500MHz 时的波长为 0.6m，其甚至小于最小开口的尺寸。因此，信号能通过开口进入接收机。

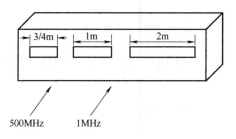

图 4.37　位于具有开口屏蔽体内的接收机

举个大家熟悉的例子，当汽车穿过地道或隧道时，如图 4.38 所示，调幅广播电台不能收听，但调频电台似乎没有受到影响。这是因为从汽车到地道或隧道开口的距离远大于调频信号的波长（大约为3m）。调幅广播信号的波长大约为300m，这远大于车辆到地道或隧道的尺寸。

图 4.38 通行车辆的隧道

这种条件如同篱笆上的门，如图 4.39 所示。当门打开时，仅波长小于开口尺寸的信号能容易地通过该门。

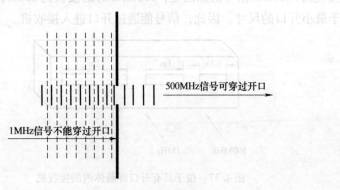

500MHz信号可穿过开口

1MHz信号不能穿过开口

图 4.39 篱笆上的门

这就是为什么便携式的调幅广播不能在车内工作，而使用非常高的频率（通常为超高频）的蜂窝电话、寻呼机和其他装置能工作的原因。这样的类比只是为了例证这种原理，但在实际生活中这种门是不存在的。

当确定屏蔽体的屏蔽效能时，最大线性尺寸的概念是要重点考虑的。如图 4.40 所示，应理解与这个问题相关的概念，就是哪种开口能获得大的屏蔽效能值。大家知道，屏蔽体上有两种不同的开口，根据这里所讨论的屏蔽效能，最大线性尺寸的开口会使屏蔽体的屏蔽效能值更小。这意味着即使圆的面积较大，但矩形开口的屏蔽体的屏蔽效能还是要比圆形开口的屏蔽体的屏蔽效能小。

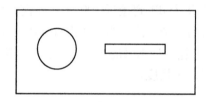

图 4.40　屏蔽体上的缝隙和圆孔

除了能传输能量的矩形开口外，为了进行足够的能量传输以形成非零的场强，有一个经验法则，即

开口的尺寸 ~ 波长/20

对于另外一个和屏蔽效能有关的问题，可以观察图 4.41 所示的例子，屏蔽体由上下两部分构成，在上下两部分的缝隙之间加装了衬垫。那么，可以建立这种情况的电气模型。能理解的是，这上下两部分之间具有电容。由于这个分界面上的电容，将会在这个界面之间存在电压差。通过增加一些寄生电容，就能建模这种情况。既然界面上存在电压，就会有电流流动，从而出现能量的辐射。这里的目的是将所有表面保持为同电位，这将消除电流的流动，从而消除能量的辐射。这可通过上下两部分屏蔽体之间的紧耦合实现。这种紧耦合会导致两个导体表面之间尽可能大的电容。可以回想一下电容容抗的计算公式，可得到当电容值增加时，其容抗将减小。这意味着对于给定量级的 RF 电流，电压降将减小，从而发射也将减小。

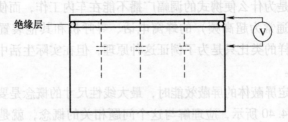

绝缘层

图 4.41　使用衬垫的屏蔽体装配

　　图 4.42 给出了处理 EMC 问题时可使用的一个重要工具。这种材料称为"屏蔽带"。沿着屏蔽体的装配缝隙施加屏蔽带，能够确定是否这些表面之间的电压差产生了辐射。屏蔽带具有不同的宽度和屏蔽能力，能提供至少几十 dB 到接近 100dB 的隔离，可作为解决 EMC 问题时能利用的最后一个办法。当手边没有商用的屏蔽带时，在实际中可利用家用的"铝箔"！本书的作者之一利用过这种方法来抑制辐射发射及对外部场的抗扰度。

图 4.42　屏蔽带

　　下面，可以思考下使用实际部件和接口（如导线或电缆）时要提供好的屏蔽的实际方法。图 4.43 中，当电缆穿过装配的屏蔽体时，要尽可能确保电缆和屏蔽体之间屏蔽的连续。若不关心 EMC，则电缆进出屏蔽体有很多方式；然而，从 EMC 有效性的角度来说，是想在导线和屏蔽体之间建立连续的屏蔽。这可通过使用同轴电缆来实现，即同轴电缆的外屏蔽层从电气上和物理上连接到屏蔽体的导电表面。这样既保持了高性能的屏蔽，又让信号线或电源线穿过了屏蔽体且保持了电连接，如图 4.44 所示。

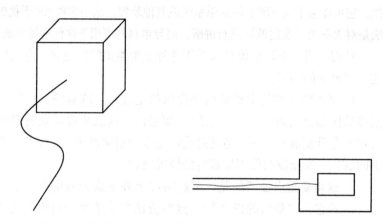

图 4.43　电缆穿过屏蔽体的情况　　图 4.44　使用电缆时屏蔽的目的

　　在汽车 EMC 中，实际上有机会使用屏蔽吗？由于在生产过程中，对于汽车环境不好应用屏蔽，因此在实际中不优先使用屏蔽。长期的耐久性和可维护性也是问题。许多屏蔽层安装不正确，在实际使用中会受到损坏，或者在维修时甚至不能重新安装。然而，当解决辐射发射问题时，有时也会用到屏蔽。这样的一个例子是抑制点火系统的噪声，采用的方式是包住次级导线（其与火花塞相连接）以建立电场屏蔽，如图 4.45 所示。电气模型如图 4.46 所示。

图 4.45　具有屏蔽的火花塞导线

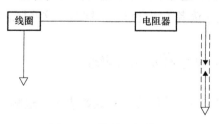

图 4.46　等效电气模型

在此应用中，屏蔽的目的是什么呢？目的是减小点火系统的 RF 干扰，它可能会干扰车辆上的娱乐系统或其他装置。减小这种 RF 干扰的方法是对火花塞（发射源）进行屏蔽。高导电材料可用于这种电场屏蔽。

然而，当汽车环境设计或采用这种正确类型的措施时，应记住下述一些重要的问题。

1. 屏蔽体必须与发动机的外壳保持电连接，或者说在实际中屏蔽体的作用会成为一个"寄生的"辐射体。这意味着屏蔽材料自身实际上会重新辐射能量，但其是设计用来抑制辐射的。这样并没有解决问题，反而比没有使用屏蔽时的情况更糟。

2. 这里要重点强调的是，屏蔽实际上并不认为是优先考虑的方法（既然它是"最后的机会"）。这种方法取决于生产过程的完整性和屏蔽体自身的长期耐久性，此外维修过后屏蔽体也应安装好。尽管已清楚地表明了屏蔽并不是优先采用的方法，但当要求或需要时，有时在汽车的 EMC 设计中也要使用屏蔽。

这里总结下电场和磁场屏蔽的过程。如图 4.33 和图 4.34 所示，可从直观上理解这些屏蔽的机理。

对于电场屏蔽，重点要知道的是处于近场还是远场（此方面内容在其他章节中讨论），这决定了主要的屏蔽机理。这些屏蔽机理如下：

1. 高频时主要的电场屏蔽方法，是对电磁波进行吸收。

2. 低频时主要的屏蔽机理，是反射。

磁场屏蔽主要是屏蔽体内能量的吸收。磁场屏蔽的目的，是给磁场提供低磁阻的路径。研究磁场屏蔽参数的参考资料很多，如果读者感兴趣可以进一步去查阅。在大多数的汽车 EMC 应用中，要进行磁场屏蔽的很少。因此，这里不再详细地讨论磁场屏蔽。这里涉及的磁场屏蔽内容目的是让读者了解此概念。同时，这些概念如图 4.34 所示。

4.7 傅里叶级数和频谱包络

周期信号都能在时域用傅里叶级数表示。这解释了图 4.47 所示的情况。

图 4.47 所示的周期信号（这里为方波）可以表示为多个频率和幅值的正弦信号之和。在理想的方波中（占空比为 50%），仅存在奇次谐波。若占空比不为 50%，则存在所有的谐波（图 4.47 中的下图）。这已在本书第 1 章中讲述过。因此，信号在频域也有相应的表示。一个给定的信号（如过渡时间有限的方波）其频谱是一定的。

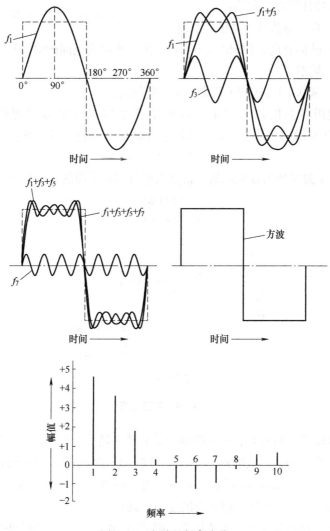

图 4.47　方波的频率成分

2

对于所关注的时间和实际情况，可以使用傅里叶包络近似法快速地计算最坏情况下的频谱包络。对于图4.48 所示的上升时间和下降时间有限的给定周期方波信号，可以使用以下已知参数计算频谱包络：

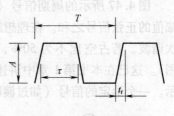

图 4.48　周期方波信号

- 幅值峰值 A（电压，电流）。
- 脉冲宽度 t（幅值减小到最大值一半时两点间的时间）。
- 周期 T。
- 从 0.1A 到 0.9A 所需的上升时间 t_r。

使用以上信息和三角函数傅里叶变换推导的方程可以计算图 4.49 所示的频谱包络。频域信号的幅值 A_f 可由下式计算：

$$A_f = 2A\tau/T$$

式中，A 为时域的幅值峰值。拐点频率分别由下面的公式进行计算：

$$f_1 = 1/(\pi\tau)$$
$$f_2 = 1/(\pi t_r)$$

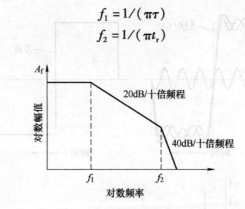

图 4.49　频谱包络

这里要强调的是，实际的信号波形并不是完全对称的。在这种情况下，使用两个过渡时间（即上升时间和下降时间）中的较快者是很重要的。如图 4.49 所示，第一个拐点频率 f_1 和第二个拐点频率 f_2 之间的幅值以 20dB/十倍频程的变化率减小。

对于拐点频率 f_2 以上的频率，幅值以 40dB/十倍频程的变化率减小。图 4. 50 给出了覆盖实际频谱的频谱包络。

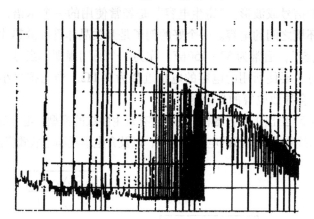

图 4. 50　频谱和频谱包络

虽然这种方法不能得到准确的频谱曲线，但得到的频谱包络能为给定的时域信号提供最坏情况下的包络及其他重要信息。占空比和过渡时间的变化，会影响频谱包络。对于占空比为 50%、过渡时间为 10ns、频率为 500kHz 和幅值峰值为 5V 的信号，则 $f_1 = 318.3$kHz，$f_2 = 31.8$MHz，$A_f = 5$V。当占空比为 30%、过渡时间为 100ns 时，$f_2 = 3.18$MHz，$A_f = 3$V。这暗含着噪声包络的最大幅值减小了，噪声的频谱幅值也减小了（见表 4.6）。

表 4. 6　频谱包络的计算

A	T (1/f)	τ ($T \times$ 占空比)	t_r	A_f	f_1	f_2
5V	2μs（1/500kHz）	1μs（2μs×50%）	10ns	5V	318kHz	31.8MHz
5V	2μs（1/500kHz）	0.6μs（2μs×30%）	100ns	3V	531kHz	3.18MHz

4.8　电容器、电感器及实际性能

在设计滤波器时，要重点强调的是，所使用的电容器或电感器并不是理想元件，它们的性能也不是理想的。电容器，即使是无引线的表面安装类型，都会呈现寄生电感和电阻。"寄生"表示的是在实际的工程图中不会出现的电容和电感，但它们在实际中是存在的，会影响有用的信号或波形。"寄生电容"是经常使用的一个术语，表示导体和其环境之间的电容。一个好的例子是开关晶体管和散热片之间的"寄生电容"，通常为 50～150pF。作为一个通用规则，当尽力旁路某一频率时，要使所用的电容的电抗近似为 0.1Ω。当电抗再小时，如 0.01Ω，会导致电容的自谐振。

图 4.51 给出了电容器和电感器含有寄生参数的模型。电容器的寄生参数为引线和金属平板的电阻和电感，以及介电损耗和趋肤效应损耗。

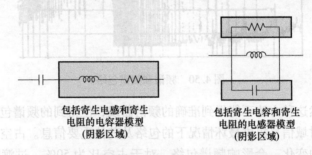

包括寄生电感和寄生
电阻的电容器模型
（阴影区域）

包括寄生电容和寄生
电阻的电感器模型
（阴影区域）

图 4.51　电容器和电感器含有寄生参数的模型

电感器的寄生参数为引线和绕线电阻，匝与匝及匝和磁心之间的电容，绝缘的介电损耗、涡流损耗、磁滞损耗和趋肤效应损耗。寄生参数导致的结果之一，是会使滤波器的电感器或电容器在其自谐振频率（对于电容器频率为 0.1～20MHz，对于电感器频率为 2～100MHz）产生谐振，从而引起 EMI 问题。寄生参数产生的另外一个结果是当寄生元件在某个频率开始具有相当大的阻抗时，则在此频率以上电感器或电容器的阻抗为非理想的（见图 4.52）。

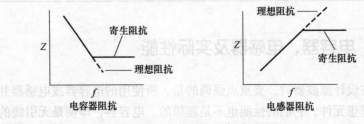

图 4.52　电感器和电容器的阻抗

4.9　滤波概述

正如以上所表述的，EMI 滤波器的目的是阻止无用的电磁能量进入或离开设备。滤波器通过使用有损耗的元件（如电阻和铁氧体）吸收噪声能量，或者通过使用电抗元件把噪声能量返回到源。通常，EMI 滤波器为低通滤波器，其效果取决于滤波器两端的元件阻抗。

对于通过反射噪声衰减 EMI 的滤波器，这种滤波器应能提供最大的阻抗失配。如果负载阻抗小，则从负载端看过去的滤波器的阻抗应当大。如果负载阻抗大，则从负载端看过去的滤波器的阻抗应当小。图 4.53 给出了不同负载和源阻抗时滤波器的配置。

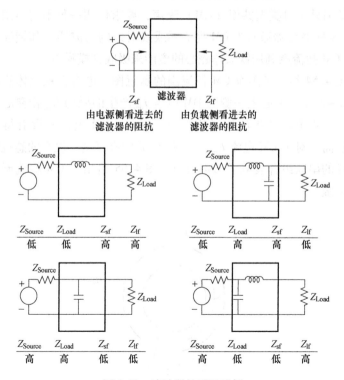

图 4.53　滤波器的配置示例

EMI 滤波器为单级滤波器或为了实现更大衰减时几个滤波器的级联。业已证明，通过设计当两者具有相同的滤波性能时，与单级滤波器相比，两级滤波器具有较轻的最佳重量。滤波器级联的数量及其配置不限于图 4.53 所示的情况。这里要重点强调的是，滤波器的输入电缆和输出电缆应进行隔离。隔离的目的是阻止它们之间的耦合，避免旁路了滤波器。通过把输入电缆和输出电缆放置在滤波器的两端实现这种隔离。然而，为了正确的隔离电缆和防止噪声旁路滤波器，滤波器必须放置在屏蔽壳体内进行屏蔽。

4.9.1 共模滤波器

图 4.53 所示的不同配置的滤波器为差模（DM）滤波器。传导噪声的另外一种类型共模（CM）噪声，要求使用一种不同类型的滤波器。CM 滤波器通常为 CM 扼流圈或线对地的滤波器（如馈通滤波器）。CM 扼流圈利用铁氧体磁心的磁能来吸收共模噪声。

图 4.54 给出了多匝 CM 扼流圈的示意图。电缆在铁氧体磁心上绕了 4~5 匝。磁心上一侧的 DM 电流 I_{dm} 产生的磁场 H_{dm} 由磁心返回侧上的 DM 电流产生的磁场相抵消。因此，DM 电流并没有得到衰减。然而，对于 CM 电流 I_{cm}、磁场 H_{cm} 并没有抵消，磁心的感抗和阻性损耗的串联组合衰减了 CM 噪声。图 4.55 给出了 CM 扼流圈的配置和屏蔽。

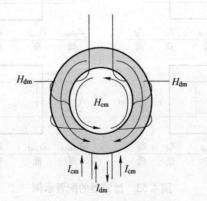

图 4.54 多匝 CM 扼流圈

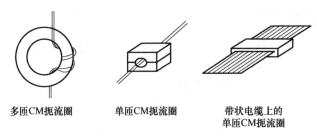

多匝CM扼流圈　　　　单匝CM扼流圈　　　　带状电缆上的
　　　　　　　　　　　　　　　　　　　　　单匝CM扼流圈

图 4.55　CM 扼流圈的配置

4.9.2　隔离

隔离是转移无用电磁能量的另外一种方式。通常使用的两种方法为隔离变压器和光隔离器。隔离变压器用于交流电源电路、开关电源和模拟信号电路（如数据线）。隔离变压器通过增加其阻抗阻断了返回环路。图 4.56a 给出了典型隔离变压器的结构示意。低频时，一次线圈和二次线圈之间的电容在传导路径上具有高阻抗。然而，高频时，这种电容的阻抗不再有实质的影响，不再实质地衰减 CM 或 DM 噪声。一次线圈和二次线圈之间附加的法拉第屏蔽可衰减高频噪声。一次线圈和二次线圈之间的电容分为两部分，即一次线圈和屏蔽层之间的及屏蔽层和二次线圈之间的。为了减小 CM 电流，屏蔽层要连接变压器的外壳，外壳要接地。这种接地连接的阻抗及绕组与屏蔽层之间的电容作为用于减小耦合到变压器上的 CM 噪声的电压分配器。为了减小 DM 电流，屏蔽层连接变压器的返回端以短路 DM 电流。图 4.56b 给出了用于减小 CM 电流的法拉第屏蔽隔离变压器的结构示意。图 4.56c 给出了用于减小 DM 电流的法拉第屏蔽隔离变压器的结构示意。图 4.56d 给出了三端法拉第屏蔽隔离变压器的结构示意，能隔离变压器任何一侧的 CM 和 DM 电流。

光隔离器是衰减传导电磁干扰的另外一种隔离信号的方法。图 4.57 给出了光隔离器的结构。光隔离器的工作频段很宽（大约为 50MHz），对 100mV 以上的逻辑信号和模拟信号都适用。光隔离器在高频使用时会受到输入端到输出端的电容（通常为 0.1 ~ 10pF）的限制。这个电容允许高频噪声通过从而旁路了光隔离器的高阻抗。

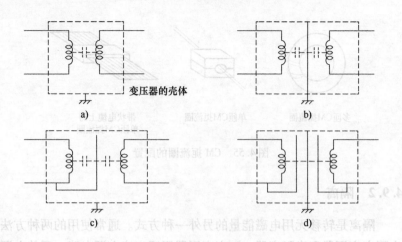

变压器的壳体

a)   b)

c)   d)

图 4.56 隔离变压器的配置

a) 隔离变压器 b) 减小 CM 电流的法拉第屏蔽隔离变压器
c) 减小 DM 电流的法拉第屏蔽隔离变压器
d) 减小 CM 和 DM 电流的三端法拉第屏蔽隔离变压器

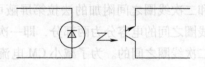

图 4.57 光隔离器的结构

4.10 外壳屏蔽

大多数有关屏蔽的书籍都详细地讲述了屏蔽理论,本书不再详细讨论。这里只给出最基本的计算和理论基础。屏蔽体通过对场的反射或吸收可实现电磁场的屏蔽。尽管在商业应用中经常使用导电覆层的塑料,但在大多数的实际情况中,屏蔽体仍为金属的。关于屏蔽,要记住重要一点,即金属屏蔽体提供的实际屏蔽效能取决于主要电磁场的类型。对于平面波的电场,屏蔽主要来自于对场的反射,但对于磁场,反射几乎没什么作用。

对于磁场的衰减，屏蔽机理主要是吸收。反射则是随着屏蔽体的表面导电率的增加而增加的，随着频率的增加而减小的。吸收随着以下因素增加：

- 屏蔽体的厚度。
- 屏蔽体的导电率。
- 屏蔽体的磁导率。
- 入射场的频率。

金属屏蔽体中的吸收实质上为指数形式的，即当电磁场通过金属屏蔽体时，电磁场的幅值以指数形式衰减。在金属屏蔽体内的某距离处，进入屏蔽体的电磁场的幅值将减小为屏蔽体表面处电磁场幅值的 $1/e$ 或 33%。出现上述情况时的距离称为金属的趋肤深度。趋肤深度（下式 d 的单位为 mil⊖）的计算公式如下：

$$d = 2.6/\sqrt{\mu_r \delta_r \overline{f}}$$

式中，μ_r 为金属相对于铜的磁导率；δ_r 为金属相对于铜的电导率；f 为入射到金属上的电磁场的频率（MHz）。

图 4.58 给出了趋肤深度的概念。表 4.7 给出了铜和铝在不同频率时对平面波的趋肤深度。

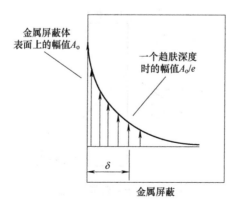

图 4.58　趋肤深度的示意

⊖　mil：密耳，$1\,\mathrm{mil} = 25.4 \times 10^{-6}\,\mathrm{m}$。

表4.7　不同频率时的趋肤深度

频率	铜的趋肤深度 d/mil	铝的趋肤深度 d/mil
10kHz	26	33
100kHz	8	11
1MHz	2.6	3
10MHz	0.8	1
100MHz	0.26	0.3

　　屏蔽体减小穿过其电磁能量的性能通常称为屏蔽效能 SE。下面分别给出了定义电场和磁场屏蔽效能（单位为 dB）的计算公式：

电场 $\qquad$ $SE(dB) = 20\lg(E_{in}/E_{out})$

磁场 $\qquad$ $SE(dB) = 20\lg(H_{in}/H_{out})$

式中，$E_{in}(H_{in})$ 为入射到屏蔽体上的场强；$E_{out}(H_{out})$ 为穿过屏蔽体的场强。

　　图4.59 给出了屏蔽效能的示意。应注意到，一个趋肤深度时，金属的屏蔽效能至少为 8.7dB；2.3 个趋肤深度时，金属的屏蔽效能至少为 20dB。

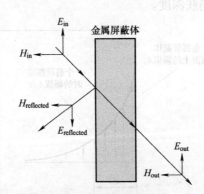

图4.59　屏蔽效能的示意

　　上述讨论的假设，屏蔽体或屏蔽材料为均匀且尺寸很大的，这样的目的是确保没有泄漏或边缘效应。屏蔽效能会受到以下因素的影响：连接器、开关和输入/输出线的孔径，门、检修窗和外壳板的缝隙。这些孔径和缝隙作为电磁能量的泄漏路径，这种泄漏减小了屏蔽体的屏蔽效能。

最后，下面给出一些屏蔽效能的经验法则：

- 对于电场或平面波，使用良导体（铜或铝）可增加反射损耗。
- 对于高频磁场（频率大于 500kHz），使用良导体或磁导率高的材料。
- 对于低频磁场，当频率大于 10kHz 但小于 500kHz 时，使用磁性材料，如钢；当频率小于 10kHz 时，使用磁导率高的材料以增加吸收损耗。
- 反射损耗随着场的类型而变化，吸收损耗与场的类型无关。

4.11　屏蔽体的不连续

正如前面所述，外壳的屏蔽效能会受到其上不连续的影响。这些屏蔽体的不连续几乎都为电气和电子设备上的孔、缝隙和接合处。和屏蔽材料的屏蔽效能相比，人们通常更关心的是通过孔、缝隙和接合处的泄漏。这里给出的方法能同样适当地减小磁场和电场泄漏，仅使用的屏蔽材料类型不同。处理不连续的经验法则包括以下几条。

- 不连续泄漏的量值取决于开口的最大线性尺寸和源的频率。
- 当其最大线性尺寸大于所关注波长的 1/10 时，则开槽或矩形孔会作为缝隙天线。
- 多个小孔的泄漏量要小于与其总面积相同的一个大孔的泄漏量。
- 同"规则的"孔相比，通过改变孔的形状形成波导的孔（孔的深度大于孔的直径），当频率小于波导的临界频率时能提供较大的衰减。这个临界频率近似为，在此频率处波导开口的最大线性尺寸等于 $\lambda/2$。当小于此临界频率时，波导的衰减取决于波导的长度，这称为截止波导。
- 对于缝隙和接合处，需要沿着缝隙和接合处保持金属与金属之间连续的接触，以确保屏蔽的完整性。

- 阻止 EMI 泄漏的优选的缝隙处理方式为连续焊接。
- 当螺钉或铆钉用于搭接时，屏蔽效能取决于每英寸使用的铆钉或螺钉的数量以及接触表面上的结合压力和两个搭接表面的洁净度。
- 每英寸使用的铆钉或螺钉的数量越多，则屏蔽效能越大。
- 对于要求通风的设备外壳，以下材料（衰减的量级依次减小）应用于覆盖开口：

1. 截止波导面板（蜂窝状的面板）。
2. 穿孔的金属片。
3. 编织或编结的金属丝网。

第5章 电 磁 场

5.1 概述

电磁能量以波的形式进行传播。描述波的参数有频率、传播方向和幅值。当考虑电磁能量和物理设备时，基本的概念之一就是"波长"。通常波长的单位为米（m）。波长定义为能量的传播速度除以能量的频率，如式（5.1）所示。传播速度（单位为 m/s）除以频率（单位为 Hz）得到波长（单位为 m）。无线电频率能量的传播速度大约等于光速，为 3×10^8 m/s 或 1.86×10^5 mile/s。频率的单位 Hz（赫兹），以前称为"每秒周期数（cps）"。例如，如果想确定 100MHz 信号的波长，可用式（5.1）进行计算，得到波长为（3×10^8 m/s）/（100MHz）或 3m。

$$\lambda = 300/f \tag{5.1}$$

式中，λ 为波长（m）；f 为频率（MHz）。

当频率为 300MHz 时，波长等于 1m，这是因为 3×10^8 m/s 除以每秒的周期数 3×10^8 等于 1m 的波长。同样的，在调幅频段，1MHz 信号的波长大约为 300m，而频率近似为 900MHz 的蜂窝电话信号的波长则近似为 1/3m。常用的频段和波长见表 5.1。

表5.1 常用的频段和波长

频 段	频率/MHz	波长/m
调幅广播	1.0	300
业余无线电	50	6
调频广播	100	3
业余无线电	150	2
业余无线电	450	0.66
蜂窝电话	900	0.33

5.2 电磁环境的特征

电磁环境也可以通过测量电场或磁场分量来确定。电磁能量发射机产生场强。在自由空间，场强的幅值与距离成反比。场强的单位为 V/m 或用 dB 表示。单位 dB 的换算，见本书附录 B。

图 5.1a 给出了一台发射机产生的场强与距离成反比的关系简化图。当发射机把功率馈送给天线时，发射功率在空间中就会产生电磁场。测量这种场通常使用场强表。测量时，场强表显示的是场的强弱。当场强表远离天线移动时，其读数将减小。如果场强表朝天线的方向移动，其读数将增大。一种好的类比方法是考虑手电在不同距离表面上的相对亮度，尽管手电灯泡发出的总亮度是不变的，但离手电筒较远的表面的单位面积上的亮度就会低。

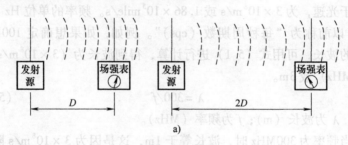

二次方反比定律

图 5.1 距离与场强和功率的关系
a）远场时距离加倍场强减少 1/2　　b）距离加倍时接收到的功率减为 1/4

在 EMC 中，电场和磁场可以用场强进行量化。随着距离的变化，场强的幅值会发生显著变化。为了清楚地表示场强与距离之间的关系，场强的单位通常采用 dB。该单位，最初用在音频领域，其定义为测得的功率与参考功率的比值取对数，然后再乘以 10。式（5.2）给出了功率 P_1 相对于参考功率 P_0 的 dB 值。该式表明功率加倍时相当于其电平近似增加了 3dB。假设电阻 R 在所有情况下都相同，则很容易把式（5.2）转换成电压相对于参考电压 V_0、电流相对于参考电流 I_0 的 dB 值的计算公式。功率（dB）为

$$10\lg(P_1/P_0)$$
$$=20\lg(V_1/V_0)$$
$$=20\lg(I_1/I_0) \qquad (5.2)$$

EMC 中使用一些标准单位表示电压、电流、功率电平和信号。场强的典型单位为 V/m（伏/米）或 μV/m（微伏/米）。功率的典型单位为 W（瓦）或 mW（毫瓦）。电流的单位为 A（安培）或 mA（毫安）。表 5.2 给出了 EMC 中常用的电压、电流和功率电平。

信号强度或场强使用 dB 表达的示例如下：

- 抗扰度试验中 100V/m 的场强可表示为 $20\lg[(100V/m)/(1.0V/m)]=40dBV/m$。

- 广播站接收到的 50μV/m 场强可表示为 $20\lg[(50\mu V/m)/(1.0\mu V/m)]=34dB\mu V/m$，有时则表示为 34dBμ。

- 功率放大器输出的 1000W 可表示为 $10\lg(1000W/1W)=30dBW$。

- 信号发生器输出的 0.5mW 可表示为 $10\lg(0.5mW/1.0mW)=-3dBm$。

- 信号发生器输出的 10mA 试验电流可以表示为 $20\lg(10mA/1.0mA)=20dBmA$。

对于 50Ω 的系统，有

$$1mW=0dBm=107dB\mu V$$
$$-107dBm=0dB\mu V=1\mu V$$

表5.2　常用的电压、电流和功率电平

A	dBA	mA	dBmA	μA	dBμA
V	dBV	mV	dBmV	μV	dBμV
0.000001	−120	0.001	−60	1	0
0.00001	−100	0.01	−40	10	20
0.0001	−80	0.1	−20	10^2	40
0.001	−60	1	0	10^3	60
0.01	−40	10	20	10^4	80
0.1	−20	10^2	40	10^5	100
1	0	10^3	60	10^6	120
10	20	10^4	80	10^7	140
100	40	10^5	100	10^8	160

dB	功率比	电压比或电流比
0	1.00	1.00
0.5	1.12	1.06
1.0	1.26	1.12
1.5	1.41	1.19
2.0	1.58	1.26
3.0	2.00	1.41
4.0	2.51	1.58
5.0	3.16	1.78
6.0	3.98	2.00
7.0	5.01	2.24
8.0	6.31	2.51
9.0	7.94	2.82
10.0	10.00	3.16
20.0	100.0	10.0

使用 dB 还可以表示负增益（损耗）或"衰减"，如"3dB 功率损耗"等于"−3dB"，其计算如下：

假设原功率为 10W，式 (5.3) 给出了 3dB 损耗的计算（负的对数值表示分子小于分母）。

$$-3\mathrm{dB} = 10\lg(x/10)，则\ x = 5\mathrm{W} \tag{5.3}$$

记住下面这些关系非常有用：

-3dB 表示功率为原功率的 1/2 或电压为原电压的 0.707 倍；

+3dB 表示功率为原功率的 2 倍或电压为原电压的 1.414 倍；

-6dB 表示功率为原功率的 1/4 或电压为原电压的 1/2；

+6dB 表示功率为原功率的 4 倍或电压为原电压的 2 倍。

从实际角度来看，大多数的 EMC 测量是可重复的，误差在 ±3dB 或 ±4dB（最多）内，即使在远场条件下。如图 5.2 所示，对于发射机和天线产生的场，使用场强探头在给定距离测量场强，当进行重复测量时，期望结果在 ±3dB 或 ±4dB 内变化。这种说法的含义为，当测量场强时，如果发射机的功率为 10W，则 3dB 的重复性意味着所测的实际功率为 5～20W。产生这种结果的原因：试验布置的变化、场的非均匀性、测量设备的重复性、场强探头和电缆位置的变化及在某些情况下由测量近场引入的误差。

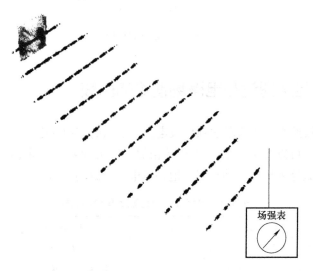

图 5.2　测量发射机和天线产生的场强

另外，使用 dB 的一个重要特点是可以直接相加。例如，如果一台放大器的增益为 10dB，另外一台放大器的增益为 13dB，当这两台放大器串联时，能得到整个系统的典型增益为 23dB，如图 5.3 所示。

在 EMC 中，有时要使用"增益"天线（其增益相对于"参考"天线）。使用增益天线产生相同的场强时，发射机的实际功率要比使用非增益天线时的功率小。为了产生较高的场强，使用增益天线而不是功率更大的放大器。这些增益天线也可用于测量信号或装置的发射。增益天线可增加所测信号电平，能够更容易地读取接近测量仪器本底噪声的信号的电平。增益天线的一个缺点是其近场会向外进一步扩展（由于 $2D^2/\lambda$ 较大），可能会导致测量处于近场，在近场内波阻抗的值变化较大。

$$10dB + 13dB = 23dB$$

图 5.3 分贝的相加

5.3 电路理论和电磁场理论的比较

当按照表 5.3 所示逐项比较电路中的欧姆定律和电磁场的自由空间条件，可以看出它们之间非常相似。如果读者已经熟悉了电路理论，那么这种比较有助于很好地理解电场和磁场之间的关系。

表 5.3 电路理论与电磁场理论的比较

电 路	电 磁 场
电动势（电位）E，单位为 V	电场强度 E，单位为 V/m
电流 I，单位为 A	磁场强度 H，单位为 A/m
阻抗 Z，单位为 Ω	特征波阻抗 Z，单位为 Ω

（续）

电 路	电 磁 场
电阻 R，单位为 Ω	自由空间的波阻抗，$Z_0 = 377\Omega$
$E = IZ$，单位为 V	$E = HZ$，单位为 V/m
Z 为阻性	远场时，$Z_0 = 377\Omega$
$E = IR$，单位为 V	$E = 377H$，单位为 V/m
$P = EI$，单位为 W	$P_d = EH$，单位为 W/m²
$P = I^2R$，单位为 W	$P_d = 377H^2$，单位为 W/m²
$P = E^2/R$，单位为 W	$P_d = E^2/377$，单位为 W/m²

上面给出的简单自由场关系仅适用于距离辐射源为两倍或多倍波长的情况，这种情况称为远场。这里 Z（E 与 H 的比值）为一个常数，等于 377Ω，仅通过测量电场（或磁场），然后使用常数 377Ω 并利用表 3.5 所示的公式就能计算功率密度。场强测量仪器（用于测量电磁环境）通常根据 E^2 或 H^2 进行读数。在自由空间条件下，功率密度等于 E^2（单位为 V²/m²）除以 377Ω 或 H^2（单位为 A²/m²）乘以 377Ω。

应注意的是，当处理近场问题时以上公式不适用，因为近场时 Z 通常不等于 377Ω。实际上，近场情况下，Z 值的范围为从零到无穷大，且从一个测量点到另外一个测量点其值发生非常快速的变化。这就是为什么在近场进行测量时对 E 和 H 都必须测量的原因。

5.4 麦克斯韦方程

为了理解 EMC，需要复习 EMC 背后的基础物理原理。有四个基本方程对于理解 EMC 非常重要。这四个方程称为"麦克斯韦方程"。尽管这四个方程从表面上看很容易混淆且很难使用，但它们基本上表明了电场、磁场和波之间的数学关系。

这四个基本方程非常有用。第一个方程，是基于高斯的工作，是与闭合曲面内的电荷产生电场的概念有关。这意味着如果在自由空间中有一个电荷，那么画一个球包围该电荷，则在距该电荷的一定距离处存在电位,且电场强度与所包围的总电荷量成正比。这种关系在第一个方程中就能看出,见式(5.4)和图5.4所示。

$$\oint_S E\mathrm{d}s = \frac{q}{\varepsilon_0} \quad \text{麦克斯韦第一方程} \tag{5.4}$$

第二个方程,也是基于高斯的工作,表明了磁偶极子的存在。这就意味着如果有一个"磁北极",那就必定有一个"磁南极",从而形成磁偶极子。对于任何封闭表面,进入南极的磁通量等于流出北极的磁通量。该定律也表明了不存在磁单极子,见式(5.5)和图5.5所示。

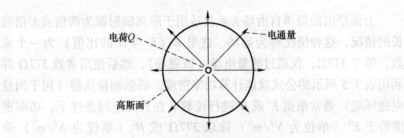

图5.4 电荷产生的电通量

图5.5 穿过任何闭合面的净磁通量为零

第三个方程,是基于法拉第的工作,表明了变化的磁通量会产生电场。这种机理使用在发电机和变压器中,见式(5.6)和图5.6所示。

$$\oint_S B\mathrm{d}s = 0 \quad \text{麦克斯韦第二方程} \tag{5.5}$$

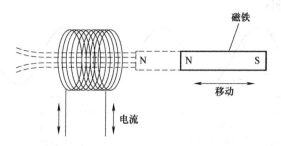

图 5.6　变化的磁场在附近的线圈中产生流动的电流

$$\oint_l E \mathrm{d}l = -\int_S \frac{\partial B}{\partial t} \mathrm{d}s \quad \text{麦克斯韦第三方程} \qquad (5.6)$$

第四个方程，也是基于法拉第的工作，表明了磁通密度与电场的变化率成正比，见式（5.7）和图 5.7 所示。

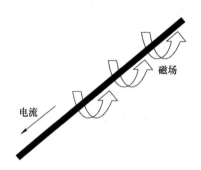

图 5.7　环绕导线的磁场与流过导线的电流成正比

理解 EMC 问题的关键，是对每个 EMC 问题都要去发现、理解和应用这四个关系式。这就能让人们深入地了解问题的统一物理原理，能够理解和解决这些问题。

$$\oint_l B \mathrm{d}l = \mu_0 \int_S \left(J + \varepsilon_0 \frac{\partial E}{\partial t} \right) \mathrm{d}s \quad \text{麦克斯韦第四方程} \qquad (5.7)$$

5.5　围绕源的场区

如图 5.8a 和 b 所示，有两个附加的概念用于理解辐射功率的天线周围的场区。

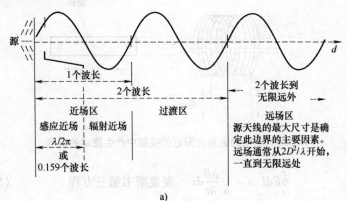

a)

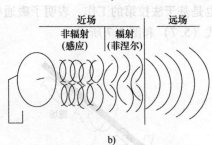

b)

图 5.8　天线的场区

5.5.1　远场

距源的距离超过两个波长以上的区域称为"远场"。远场中的方程对近场或过渡区不再有效。只有当距离大于 $\lambda/(2\pi)$ 或 $2D^2/\lambda$（取两者中大的），远场方程才有效。在远场，E、H 和功率密度之间的关系为 $E=377H$ 和 $P_d=EH$。将这两个方程合并，可得到

$$P_d=377H^2 \qquad P_d=\frac{E^2}{377}$$

式中，H^2 为功率密度（W/m^2），$1W/m^2=0.1mW/cm^2$；E^2 为电场强度的二次方（V^2/m^2）。

远场距离

考虑一个 30cm 长的小辐射振子。对于一个辐射体，在 100MHz

时，有

$$\lambda/(2\pi) = 3\mathrm{m}/(2\pi) = 48\mathrm{cm}$$

$$2D^2/\lambda = 2 \times (30\mathrm{cm})^2/3\mathrm{m} = 16.2\mathrm{cm}$$

因此，远场从 16.2cm 或 48cm 中大的开始，即 48cm。

如果辐射振子长为 3m，在 100MHz 时，有

$$\lambda/(2\pi) = 3\mathrm{m}/(2\pi) = 48\mathrm{cm}$$

$$2D^2/\lambda = 2 \times (3\mathrm{m})^2/3\mathrm{m} = 3\mathrm{m}$$

因此，远场从 48cm 或 3m 中大的开始，即 3m。

上述算式表明是在远场，那么真正需要测量的是电场（某些测量仪器上为 E^2）。根据电场的测量值，能够计算得到功率密度和磁场值。对于 EMC 分析和数据收集，优先在天线的远场进行。和天线近场相比，天线远场得到的测量数据对天线的位置不是很敏感。对于许多 EMC 问题，特别是对外部源的抗扰度，这种远场也代表了"实际当中"的条件。

5.5.2　过渡区

近场和远场之间的区域称为过渡区域。该区域具有远场和近场的某些特性。通常并不需要在此区域内测量电场和磁场以获得电磁场好的近似值，但需要进行一些测量来表征场。

5.5.3　近场

距源的距离小于一个波长的区域称为"近场"。在近场，电场和磁场之间的关系非常复杂，要求通过测量电场和磁场来确定功率密度。此外，也不像在远场通常可以用单极化类型（水平极化、垂直极化、圆极化或椭圆极化）来表征电磁波，在近场这四种极化类型都存在。

近场可进一步分为"感应"近场和"辐射"近场。

在感应近场（非常靠近天线），电场和磁场之间的关系太复杂而不能进行预测。在一点一种场分量（电场或磁场）为主要分量，而在距离很近的另外一点则是另外一个分量为主要分量。因此，要确定

真实的功率密度极其的困难。不仅需要测量电场和磁场，也要测量电场和磁场之间的相位。

此外，感应近场具有另外一个特性。在此区域内，不但有向空间辐射的电磁波，而且电磁场有一个感应分量。在天线附近，未知量的能量被保留和储存在天线表面的附近。在这个区域想要进行测量时，这种感应分量是出现混淆和误差的根源。在其他区域，功率密度与距天线的距离的二次方成反比。在非常靠近天线的区域，当朝向天线移动很小的距离，能量电平则会显著增加。

在 EMC 术语中，电场源（如偶极子类的天线）称为高阻抗源，而磁场源（如环天线）称为低阻抗源。这是易于理解的，因为这暗含着电流产生磁场，磁场暗含着低阻抗。

为什么近场对 EMC 重要呢？这是因为在某些情况下要求在近场进行测量，如对安装在车辆中的装置和部件产生的发射进行测量。

能量从天线辐射出来后会去哪儿呢？既然电流必须返回到产生它们的源，则认为电流通过自由空间中的寄生电容返回，图 5.9 所示的返回情况是四分之一波长的垂直天线和偶极子天线的示例。这意味着如果发射天线安装在车辆上，射频电流流过车辆壳体以建立返回到天线馈电点的路径。这种流动电流然后会产生电场，电场又会产生磁场，这种过程反复重复，从而产生辐射能量的传播。

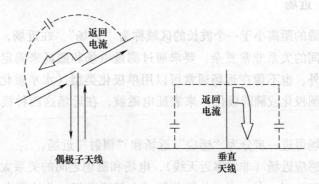

图 5.9　天线电流必须返回到产生它们的源

5.6　极化

磁测量时，极化是一个非常重要的概念。它解释了为什么"对讲机"天线需要同样的极化（通常是垂直极化）才能获得最佳的接收，为什么测量射频场时射频测量场探头必须连续地放置在不同的方向。

极化，描述的是其电场矢量的方向和幅值随时间变化的特性。明确地说，就是沿波的传播方向观察时，在空间的固定位置电场矢量的末端随着时间变化的轨迹图。然而，这样的定义可能容易引起混淆，下面的讨论将能够减少这种混淆。

通过空间传播的辐射电磁波具有极化特性。它会影响波的兼容性和某些类型的天线。如下一些参数能使某些天线接收一种波而抑制其他波：

- 天线的物理尺寸（天线的口径）会影响什么波长（或什么频率）的波，这样的波能被天线有效地辐射或接收。
- 天线的形状有助于确定天线的方向性。方向性指的是天线辐射或接收电磁波的指向。
- 极化特性描述了电场矢量的角位置。

这三个参数（物理尺寸、方向性和极化）描述的是天线独立和不同的特性。

极化可分为，椭圆极化、圆极化、线性极化。电场矢量的角位置决定了极化的类型。

为了确定极化类型，假想沿着波的传播方向在空间一个固定位置观察时变电场矢量的端点。这种矢量端点的轨迹图形可能是椭圆，但通常这种椭圆有时可转变为一个圆或一条直线。

图 5.10 所示的电场有助于理解电磁波的极化。

如图 5.10 所示，假想在钟面上有一根表针指向 12 点钟的位置。让这根表针向远离钟面的方向移动，在第一根表针离开钟面后的瞬间，立即让第二根表针代替它并同时向远离钟面的方向移动。重复这

个过程直到稳定的表针流从钟面流过，所有的表针指向相同。当电场
矢量由源向外移动时，这样的表针表示了垂直极化电场的矢量。

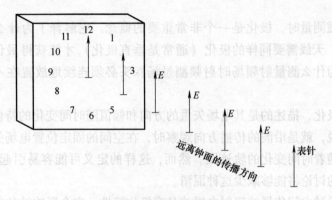

图5.10　垂直极化的电场

在一个周期内，电磁波的幅值是变化的。当电磁波向外辐射时，
这种变化在波传播的每一个周期内反复进行。从目前的观察位置移动
到一个新的观察位置，在时钟的一边进行观察。如果随后的每个表针
（电场矢量）与前一个表针尺寸（幅值）不同，则可得到图5.11所
示的情况。

图5.11　图5.6所示的波幅值的正弦变化

如果返回到最初的观察位置，则垂直指向的表针例子与垂直极化
的电场是类似的。当表针从侧面向一个人走过来，如果他想伸手去抓
一根表针，仅当他的手与表针角度（极化）相同时他才能抓住它。
应记住的是，箭头并不指向他，而是向上或向下。如果他的手转向侧
面，不同于表针的角度时，他将抓不到任何一根表针。

如果他的手为垂直方向,他就能抓住一个垂直箭头,而不是水平箭头,反之亦然。

正如电场矢量的指向决定了电磁场的极化,磁场也取决于电场矢量。为了帮助理解这一点,在钟面上增加另外一根表针,因此现在表面上有两根表针,它们彼此垂直,如图5.12a和b所示。

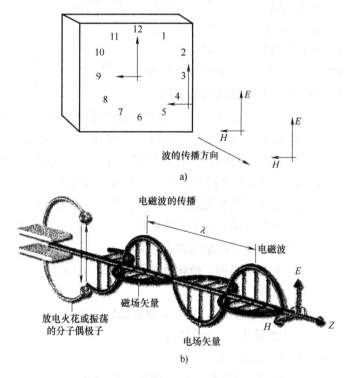

图5.12 垂直极化波的电场和磁场

图5.12a所示的两根表针代表电场矢量和磁场矢量。如果一根表针位于12点钟的位置,称为电场矢量;另外一根表针位于9点钟的位置,称为磁场矢量。两个矢量彼此垂直。由于极化是由电场矢量决定的,则图5.12所示极化为垂直极化。如果电场矢量位于3点钟的位置,这种极化称为水平极化,如果电场矢量是旋转的,则这种极化为圆极化或椭圆极化。不像普通的时钟,图5.12所示的时钟要求两

根表针总是锁定为 90°。磁场矢量（图 5.12 所示的 9 点钟的表针）总是垂直于电场矢量。表针可以指向任何方向，但是两者总是互相垂直的。右手定则表明了垂直于电场矢量向磁场矢量旋转所形成的平面的方向为传播方向，其类似用手握住导线时大拇指的方向。如图 5.13 所示，如果天线向侧面倾斜一定的角度，则发射的电磁场的极化也将倾斜同样的角度，但电场和磁场仍保持互相垂直。

图 5.13　波传播方向
的右手定则

如图 5.13 所示，电磁场的极化指的是电场的方向，相关联的磁场方向与电场方向垂直。发射天线决定了其辐射的电场的极化角。在 30MHz 以上，就很容易地观察到极化效应。在低的 VHF 频带（30 ~ 50MHz），直立放置的无线电天线将辐射垂直极化波，水平"偶极子天线"（类似屋顶安装的电视天线）将辐射水平极化波。当接收天线的极化方向与发射天线的极化方向匹配时，能够获得最佳接收。由于在车辆上垂直天线的安装比水平天线更容易，因此，这就是为什么用于移动无线电的桅杆式天线指向垂直的原因。

下面的试验形象地表明了极化及源天线和接收天线之间极化匹配的重要性：

1. 拿出两幅偏光太阳镜。它们必须都是偏光的。
2. 使用一副滤除来自手电筒的光。
3. 戴上另外一副太阳镜。
4. 现在将你的头向侧面转 90°，注意头在特定的角度时仅一只眼睛能接收到发射的偏光而另外一只眼睛接收不到。
5. 旋转放置在光源处的偏光太阳镜。
6. 现在头再次旋转，会注意到极化角变化的大小和第 5 步中旋转的角度大小相同。

读者可能会注意到以下情况：晴天时，看到汽车仪表板上的东西被反射在挡风玻璃上，但是，如果戴着偏光太阳镜（假设挡风玻璃是有色的）这些镜像是看不清楚的；如果戴着偏光太阳镜转头，反射的镜像出现和消失差90°角。

当进行电磁辐射场测量时，测量探头通常是全向接收天线（即对极化不敏感）。全向探头接收电磁信号时不考虑极化和传播的方向。这种探头是由放置在三个独立且互相垂直的平面上的一些天线构成的。全向天线的设计使得它不管位于电磁场中的任何方向，都能给出相同的读数。

这里使用钟表和箭头示例的目的，是帮助读者理解极化的概念。电磁波实际上传输能量时并不像"箭头"和"小邮包"那样。除了认为波的能量是通过时变电磁场传播以外，把 RF 能量的传播想象成任何别的事情都是错误的。

5.6.1 磁场发射

为了控制磁场发射，主要目标是控制环路面积。例如，当输入和输出电源线和信号线绞合在一起时，设备内的印制线和导线靠近它们的电流返回线路，这样使得回路面积最小。最小的环路面积能让磁场产生最佳相消，从而减小总的磁场辐射。

开关电源中最常见的磁场发射源是"大电流的线圈"部件或磁性元件。一种减小磁心间隙变压器漏磁通的方法，是为漏磁通增加一个短路线圈。这个线圈环绕整个磁场装置且产生与漏磁通相反的电流。当磁通量耦合到短路线圈时，会产生感应电流，这种感应电流产生的磁通与原磁通方向相反，这就改变了辐射波瓣图。辐射波瓣图的变化减小了磁性元件的辐射面积。

为了屏蔽低频磁场，反射损耗是屏蔽磁场的主要机理。入射磁场在屏蔽材料上产生表面电流，这种感应电流又反过来进行二次辐射。二次辐射场的幅值几乎等于入射场的幅值，但两者相位相反。当路径存在不连续时，电流将被中断，二次辐射场将不会与入射场相消。这种电流中断将减小对磁场的屏蔽效能。

5.6.2 建模和预测技术

对于辐射发射的预测，已有商用的预测方法，它们都是复杂的程序，要求繁杂的电路输入参数。对于发射的预测，已有商用的通用计算方法，可人工或使用计算机电子表格进行计算。表5.4给出了一个通用计算的例子，该表格有很多列，这些列被添加用来预测给定部件的辐射发射。总体来说，傅里叶变换用于给定信号的计算。第一列给出了幅值（dBμV）。修正因子的目的是把传导数据转换为自由空间的数据。对于理想的 $\lambda/4$，这个修正因子假设为 -34dB，计算频率 f_3 以得到天线系数。f_3 考虑了电缆的实际长度。表5.4给出了计算，并对 $\lambda/4$ 的假设进行了修正。其中，考虑了信号线的数量；也考虑了测量距离的因素，对于大多数试验，测量距离为1m且不需要修正因子。所得结果与20MHz时的规范进行比较，以确定需要衰减多少dB。

表 5.4　辐射发射预测分析

频率	(1) Cn	(2) 电压到电场的转换系数	(3) 天线系数	(4) 线缆数量	(5) 距离	(6) 结果
20MHz	130dBμV	-34dB	-2.7dB	6dB	0	99.3 dBμV/m

使用金属外壳、屏蔽、双绞等能获得上述要求的衰减。这种预测方法对于检查电路中最可能的"发射源"（高电平电流转换的二极管和晶体管）是最合理的。

（1）频域幅值-傅里叶变换。

（2）电压转换为电场强度，距离导体1m，转换系数为 -34dB。

（3）$-10\lg(f_3/f_x)$。其中，$f_3 = 3 \times 10^8/(4L)$，L 为导线长度（单位为m）。当 $f_3/f_x = 1$ 时，修正因子为0dB。

（4）$+10\lg N$，N 为线缆的数量。

（5）$-20\lg d$，d 为测量距离（单位为m）。

（6）求（1）到（5）的和为最终结果，单位为 dBμV/m。

表5.4给出的分析也可用图5.14所示的流程图表示。

通过预测哪些频率能够耦合到线束和模块，使用建模有助于编写EMC试验计划。使用建模也可以用来决定是否需要额外的隔离，从而让设计工程师知道是否需要对元件进行屏蔽或对线束进行双绞。当需要时，甚至可以使用它来对具有内置天线的模块（如遥控钥匙锁或遥控启动）的位置进行调整以实现与外部能量源的最大耦合。

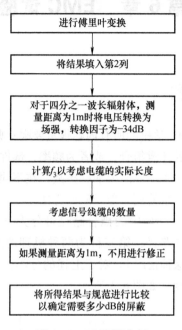

图 5.14　RF 预测分析

第6章　EMC 试验

6.1　EMC 学科

为什么理解 EMC 学科的所有内容很重要呢？典型的 EMC 问题可能为不同类型耦合的任意组合，或者为频率、部件尺寸、线束和组件的组合。这就使得解决问题时要面临挑战，在不同的频率或不同的条件下，解决问题时要求使用看似矛盾的方法。

基于耦合机理，EMC 中的耦合路径可分为三种：第一种为辐射路径；第二种为传导路径；第三种为两种机理的组合［有时静电放电（ESD）会产生这种情况］。对于上述的分类，每一种又可分为两种——发射和抗扰度，如图 6.1 所示。

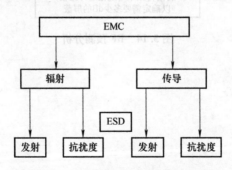

图6.1　EMC 中的耦合路径和方式

在图 6.1 所示的左边，辐射现象分为辐射发射（RE）和辐射抗扰度（RI）。

在图 6.1 所示的右边，传导现象也分为传导发射（CE）和传导抗扰度（CI）。

在图 6.1 所示的中间为 ESD，它为辐射现象和传导现象的组合。

下面研究每个分类中的一个例子：

如果有一台带刷的直流（DC）电机，它可能会影响附近 AM 广播的接收（在车上可能遇到过这种问题）。这是电机和其线束的"发射"与广播的"抗扰度"互不兼容的例子。为了使广播的接收不受到干扰，那就必须减小源的发射，或者必须增强受扰设备的抗扰度。

在此例子中的耦合机理为，源（电机的电刷）通过 12V 的电源线束进行辐射，线束作为发射天线，如图 6.2 所示。

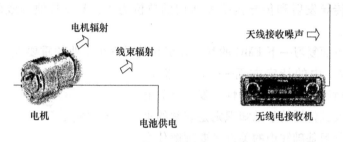

图 6.2　辐射耦合

辐射发射和辐射抗扰度所用的单位为 $\mu V/m$ 或 V/m，或者其他等效的 dB 单位。这意味着从空间 $10V/m$ 的点到 $20V/m$ 的点，1m 长的导线上的电压为 10V。对于磁场耦合，单位为 mA/m 或 A/m。

辐射发射产生的 EMC 问题是真实的吗？本书已经记录了汽车上存在的对辐射敏感的案例。当这种专门制造的汽车行驶到高速公路上的某处，靠近广播发射机时，其电子控制系统出现了问题。解决的方法是沿高速路竖立屏蔽体，阻止发射机的能量辐射到公路上。这是车辆的辐射抗扰度与其必须能正常工作的电磁环境不相兼容的一个例子。

有时在汽车收音机上能观察到的另外一个现象是"交流发电机的啸叫噪声"。这是图 6.3 所示的一个"传导发射"的例子。可听纹波频率电压通过共用的电源线束传播到收音机的电源连接器上。这是车辆上产生的"传导发射"与收音机的"传导抗扰度"不相兼容的一个例子。传导耦合路径通常比辐射耦合路径更为有效，这就意味着传导耦合路径需要较小的能量就能产生与辐射耦合路径相似的问题。

噪声沿着线束传播

交流发电机　　　　　　　电池供电　　　　　无线电接收机

图 6.3　传导耦合

传导发射和传导抗扰度所用的单位为 V、A 或其他等效的 dB 单位。

下面复习一下 EMC 的基础知识和其对汽车工业的重要性。重点为 EMC 中的特定方面——辐射路径。

为了讨论辐射路径的特性，复习有关电磁波及其传播的基础知识则是非常的重要。复习基础知识的关键是要理解什么是"右手定则"，如图 6.4 所示。如果

图 6.4　右手定则

拇指代表电流流动的方向（正电荷），那么环绕导体的手指的指向表示的是环绕导体的磁场方向。电场垂直于导体向外辐射，而磁场环绕导体。

6.2　辐射发射的诊断

辐射发射是由导体表面上流动的电流所产生的。这些电流包括电缆中导线上的有用信号、无用噪声及设备壳体表面上流动的电流。下面的技术有助于确定辐射发射的源和解决此类问题。

6.2.1　低频规范

当试验布置的尺寸小于发射频率对应的波长时，则设备的连接电缆是主要的发射源。当电缆的长度小于辐射频率对应的波长时，其作为辐射体的效率与其长度成正比。尽管有用信号是波特率（10kHz 或更小），但 MHz 频率的信号也会寄生耦合到导线上或电缆屏蔽层的外

部。使用具有合适带宽的电流探头可以
对这些寄生电流进行测量。商用的电流
探头（见图 6.5）型号很多，可覆盖的
频率范围为 20Hz～1GHz。

　　当频率为 400MHz 及其以上时，辐
射发射很可能是由设备的外壳产生的。
如果传导发射值较大的频率与辐射发射
不符合限值的频率相对应时，那么下面
两节的减缓步骤则非常有用。

图 6.5　电流探头

6.2.2　大电流注入

　　大电流注入（BCI）为场与线之间耦合的集总参数模型。正因为
这样，它更适合用于较低的频率，在这些频率上，受试部件（CUT）
的尺寸比波长小。由于在 400MHz 以上的频率，场很可能穿透设备的
外壳耦合到电缆上，且在较高的频率试验的有效性已得到足够的重
视，因此图 6.6 所示曲线的截止频率为 400MHz。电流注入探头与传
导发射试验中使用的电流探头相似，其把电流注入 CUT 上。图 6.6
给出了 1V/m 的电场入射在 2m 的 CUT 上时产生的作为频率函数的感
应电流。由法拉第定律和典型电缆安装的几何尺寸可计算得到，电缆
上流过的电流为 1.5mA，对应 1V/m 的入射场强，此时电缆的长度至
少为半个波长。在较低的频率，感应电流每十倍频程减小 20dB。如
果场强不是 1V/m 时，则 dBμA 和 dBm 的曲线可以调整为 20lg［实际
场强（单位为 V/m）］。当电缆长度超过 2m 时，低频的中断点按照
电缆长度扩展的比例进行扩展。若 BCI 探头的插入损耗与图 6.6 所示
的不同时，则图中所示的 dBm 曲线也会相应地发生移动。图 6.6 所
示情况表明了为什么试验是一个好的预符合性判断的工具：电流注入
探头的功率要求与信号发生器的输出相兼容，并不需要昂贵的放大
器。图 6.6 所示情况假设电流注入探头的频率范围为 2～400MHz。在
较低的频率，注入电流是如此小以至于只有工作在带内的对敏感信号
可调谐的 RF 电子产品才会预期产生响应。典型的 BCI 探头如图 6.7

所示。如果这种试验在 EMI 试验设施中进行，则可对其进行完善：使用电流测量探头和频谱分析仪可对过电流进行控制。如图 6.6 所示，不管为电流注入探头所预测的驱动功率多大，但实际的注入电流不应比 dBmA 曲线的规定值大 6dB。

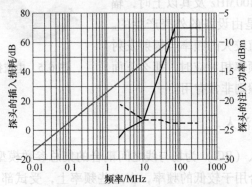

——1V/m 的场强转换为电流(单位为 dBμA)：使用左边的竖坐标
——探头的注入功率(单位为 dBm)：使用右边的竖坐标
——探头的插入损耗(单位为 dB)：使用左边的竖坐标

图 6.6　1V/m 的场强转换为大电流

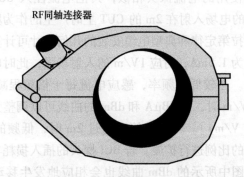

图 6.7　典型的 BCI 探头

6.3　开关瞬态是如何出现的

　　图 6.8 给出了电源分配系统的基本组成——电源、配电线路和负

载，其中的电源简化成一个理想电压源串联一个阻性或感性阻抗。配电线路由电阻和电感组成。当负载接通或断开时，通过电源和配电线路的阻抗会产生快速的电流变化。除了负载外，这个简单的模型忽略了容性效应。源的并联电容（特别是在直流电源中）会导致低的源阻抗，在瞬态情况下，这很容易通过使用一个较小的串联源阻抗进行建模。通过将配电线路建模为电感和电阻的并联，很容易计算线到线或线到回线的电容，如传输线的集总参数模型［线路阻抗稳定网络（LISN）］。图 6.8 给出了计算和测量开关瞬态的模型。如图 6.9 所示，LISN 模拟的是配电线路的阻抗。

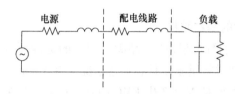

图 6.8　电源分配系统的模型

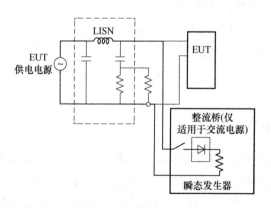

图 6.9　尖峰信号发生器（粗线表示大电流流进产生尖峰信号的负载）

　　5.0μH//50Ω 的 LISN 已被选择作为汽车线束最坏情况下的模型。某种程度上这是依靠直觉的选择。考虑到信号返回平面上导线的电感大约为 1μH/m（对于典型的几何结构）。对于 5m 长的导线，其电感为 5μH，对于这种类型的电源分配，这肯定是最坏情况下的合理近似（仅在金属汽车中是合理的）。两导线线路的电感大约为信号返回平面上导线电感的十分之一。也有电感为 50μH 的 LISN，这代表了商业环境中大约 500m 长的导线（也是最坏情况下的模型）。

电瞬态是由大功率总线负载的切换产生的。如果要评估受试设备（EUT）对其他电源总线负载产生的尖峰信号的抗扰度，那么大功率负载必须通过 LISN 进行切换。此时，EUT 应处于稳态工作状态且通过 LISN 进行供电。LISN 模拟的是到 EUT 和开关负载的公共阻抗。

6.4 试验方法

EMC 试验的基本硬件

EMC 试验的目的是证明产品满足相关的标准要求。当不满足相关要求时可能要进行重新设计，通常情况下首先应进一步进行分析以确定某特定的失效是否会产生 EMC 问题。例如，如果设备最终安装的总系统不会使用 2MHz 以下的频谱，那么在 100kHz 辐射发射超过限值 20dB 的设备也许并不危险。

下面将讨论进行汽车 EMC 试验所用的基本仪器。其中多数技术和设备也可用于其他领域的 EMC 试验，如家用电子设备或军用设备。本节着重讨论三个主要方面：设备、传输线和电缆及 EMC 测量。

6.4.1 EMC 仪器

大多数的 EMC 信号发生器的源阻抗为 50Ω，如图 6.10 所示。

大多数 EMC 测量仪器的输入阻抗为 50Ω（见图 6.11），但也有一些例外情况。例如，电压表和示波器具有高阻抗，这样目的是在试验过程中不会对所监测的电路产生加载。

为什么试验设备的阻抗普遍都是 50Ω 呢？原因是它们要与实验室使用的大多数同轴电缆的阻抗相匹配。如果使用的阻抗不是 50Ω，则会使与阻抗相关的问题更为复杂。考虑到电缆、源和负载阻抗的这种失配，则测量是与频率有关的。

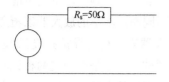
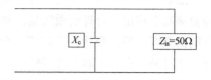

图 6.10　RF 信号源的内阻抗　　　图 6.11　大多数 RF 测量仪器的阻抗

6.4.2　放大器

RF 抗扰度试验系统中最重要的一个组成部分为功率放大器。放大器可用于使用天线或 TEM 小室进行的辐射试验，也可用于使用电流注入探头或人工网络进行的传导试验。这里使用的传感器对功率放大器的指标有着重要的影响，可以把这两者看成是一个系统。放大器通常放置在一个专用的房间中，以便为其提供足够的冷却，因此只有经过授权的人员才能进入该房间。

功率输出和带宽

两个技术指标，即最大输出功率和保持此输出功率时的带宽，由试验设施所要求的能力确定。带宽和功率要求，取决于 EUT 试验时依据的标准和试验配置。

频率范围

欧盟指令 72/245/EEC 要求的频率范围为 20 ～ 1000MHz。正在考虑的修订计划将辐射抗扰度的频率范围扩展到 2GHz。为了满足自己的内部标准要求，许多制造商对上述频率范围外的还进行了辐射抗扰度试验以及传导抗扰度试验。传导和辐射抗扰度试验之间的频率重叠取决于内部标准。

功率和带宽之间存在一种基本的折中。具有几瓦输出的功率放大器，能够覆盖数个十倍频程的带宽（如 100kHz ～ 1GHz）。然而，随着输出功率的增加，输出级的设计限制意味着仅能实现较小的带宽。基于此，要在整个规定带宽内核查放大器的可用额定输出功率。例如，带宽可能被规定为 3dB，这可能意味着在频带的边沿，可用功率只有额定功率的 1/2。

　　然而，由于发射天线的特性，在放大器的整个频率范围内可能不需要满功率输出。合理的做法是，使用不同额定功率的放大器以覆盖不同的频率范围。当然，可使用一台放大器来进行传导抗扰度试验，而使用另外一台放大器来进行辐射抗扰度试验，这是因为这两种试验的功率电平和频率范围不同。当需要手动更换放大器和天线时，是非常费时的，从而减少了在试验设施中进行实际试验的时间。

试验电平

　　假设研发人员面对的主要工作是应对 72/245/EEC 指令，则要求试验电平为 30V/m、调制深度为 80%。那么，应考虑电缆、连接器、耦合器和开关的给定系统损耗。这种损耗随着频率的增高而增加，但在较高频率时可以通过增加天线的增益对其进行补偿。

　　放大器的功率要求取决于如下两方面：

- 在试验的电波暗室中，天线增益和预期的试验距离。
- 对于传导试验，所使用的不同传感器的修正因子。

　　表 6.1 总结了使用双锥/对数周期天线进行辐射抗扰度试验时计算的所需功率，假设调制深度为 80% 时信号幅值增加 +5.2dB，且场的均匀性为 +3dB。

表 6.1　辐射抗扰度试验的计算功率（单位：W）

	1m 距离			3m 距离		
	3V/m	10V/m	30V/m	3V/m	10V/m	30V/m
27MHz	25.4	282	254	228.8	2542	22880
80MHz	1.29	14.3	129	11.59	128	1159
200MHz	0.29	3.23	29	2.61	29.0	261
1GHz	0.33	3.64	33	2.95	32.7	295

传导试验

　　由于注入探头在其工作频率范围的两端损耗相当大，因此常用的 BCI 法比其他试验方法需要更大的功率。通常使用的放大器为 100W。

调制

　　影响所需功率的另外一个因素为幅度调制。试验电平由非调制信号进行定义，因此场校准时使用非调制信号。当进行实际试验时要施加调制。默认的调制信号是调制深度为 80% 的 1kHz 正弦信号。图 6.12 给出了调制深度和信号的包络幅值之间的关系。由于信号的峰值电平增加了 5.2dB，因此抗扰度场的幅值要减小相同的数值。这就要将调制的峰值场强进行调整，使其等于未加调制时的峰值场强。

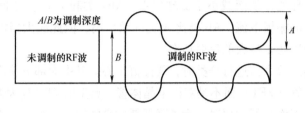

图 6.12　调制深度和信号的包络幅值之间的关系

电压驻波比（VSWR）是度量与阻性 50Ω 匹配程度的参数，放大器或传感器的端口通常都为 50Ω。除非阻抗为准确的 50Ω，否则一部分功率会被终端反射，沿着馈线传播回去。

VSWR 的允差

如 VSWR 为 1∶1，则表示完全匹配。开路或短路时，则暗含着 VSWR 为无穷大。双锥天线在 30MHz 时的 VSWR（30∶1）很大。在较高频率时，传感器与屏蔽室和 EUT 之间的耦合会增加 VSWR。如果是与 BCI 探头的耦合，则 VSWR 可能大于 60∶1。在这种条件下，施加的大部分的射频功率会被反射到放大器的输出端。

EMC 抗扰度试验用的放大器必须尽可能地将其额定功率的大部分传送给失配的负载。

A 类或 AB 类？

A 类或 AB 类的定义，最初是针对电子管放大器的，严格来说并不适用于固态放大器。理想的 A 类放大器的工作电流不会随输出功率的变化而改变。它可以是单端的或推挽式的。在推挽工作方式中，每个电子管经过 360° 仍能导通。推挽式的优点是能够消除电子管的非线性。由于 A 类的设计是当没有输入信号时要消耗所有供给它的直流功率，因此 A 类的效率最低、成本最高，但它同时能承受输出功率的所有反射功率。

A 类也是唯一一类使用非常快速的调制信号（如脉冲）进行工作的放大器。在其他类别中，放大器的工作电流随着调制信号变化，放大器电路的寄生效应不允许工作电流的快速变化。

AB 类允许在交越点有轻微的重叠。当导通角度大于 180°时每个电子管才导通，从而减小了交越失真。AB1 类和 AB2 类之间的区别是有无正的栅极电流。AB 类比 A 类的效率高，但此放大器需要采取保护措施以防止过大的反射功率。

对固态放大器进行分类时，要谨慎小心。其中大部分使用的是场效应晶体管（FET）而不是双极型晶体管。典型的 FET 放大器属于 A 类，但当工作在低功率时，为了降低耗散它能够减小静态电流。如果冷却要求没有降低，这也不能降低大功率电平时响应曲线的不平坦，因此，AB 类比 A 类更可靠。大多数 MOSFET 放大器工作在 A 类和 AB 类之间的模式，而一些 GaAs FET 放大器则工作在 A 类。这些工作模式的目的是在可靠性、性能和成本之间提供最佳的折中。

线性

当功率放大器用于 EMC 抗扰度试验且使用调制信号源时，放大器必须在整个频率范围内且在不大于最大功率的条件下都保持线性状态。如果不能满足这种条件，则会产生下面两种结果：

- 调制射频包络的峰值将被削平。这会产生调制信号（1kHz）的谐波。这也会减小实际施加的场强峰值。
- 将会产生载频的谐波。如果非线性严重的话，则谐波幅值能接近基波，这将导致在错误的频率上观察到敏感现象。这也减小了施加的载频场强。大功率放大器中使用的新合成器技术能够产生很低的谐波性能，即 30dB 或更大。IEC 61000-4-6 规定，谐波和失真必须至少低于载波电平 15dB（-15dBc）。在试验过程中，这种要求可通过在功率放大器的输出端使用定向耦合器和频谱分析仪得到核查。

简单的线性核查在任何时候都可进行，可通过手动减小信号源电平 1dB 或 3dB，然后确认输出电平是否变化相同的幅值来核查。放大器的线性通常用 1dB 增益压缩点的功率输出表示，规定的谐波性能

仅为不大于该电平时所产生的。当大于该电平时，失真会快速地增加
（见图 6.13）。

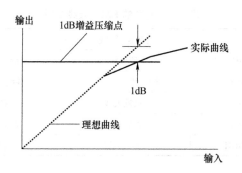

图 6.13　放大器的线性

功率增益

放大器的增益通常规定为对于给定的输入电平（通常为 0dBm）
能输出的最大功率。从输入到输出的功率增益，在整个工作频率范围
内都应是相对固定的。如果功率增益不是固定的，则通常在覆盖频率
范围的两端需要较大的驱动信号电平。这对信号发生器的输出提出了
额外的要求。信号发生器应有最大为 + 10dBm 的输出电平以对功率
增益进行补偿。

可靠性和可维护性

尽管尽了最大努力来改善设备的可靠性，但功率放大器仍然会发
生故障。当发生故障时，修理和验证应尽快完成。准备各种备用放大
器的成本很高，损坏的放大器的费用占了昂贵试验设施费用的很大一
部分，更别提产品研发费用了。

6.4.3　天线

表 6.2 所示的 EMC 天线是 EMC 试验中常用的天线及其频率范
围。对于辐射抗扰度，如果使用场强探头测量所产生的场，则天线可
以不用校准。如果用天线功率计算所产生的场，或者用天线进行辐射
发射测量，那么发射天线系数（TAF）和接收天线系数（AF）必须
通过定期的校准进行确认。优先使用线性极化天线以减小测量的不确

定度。通常，由于不知道对辐射场最敏感的极化方向，因此在连续的试验频段内使用两种极化方向，即水平极化和垂直极化。

表 6.2 典型的 EMC 天线类型

频率范围	接收天线	发射天线
50Hz～200Hz	环天线	赫姆霍兹线圈
30Hz～50MHz	杆天线，环天线	导线电场发生器
30MHz～320MHz	双锥天线	双锥天线
100MHz～5GHz	对数周期天线	对数周期天线
200MHz～40GHz	喇叭天线	喇叭天线

接收天线系数 AF 用于计算入射到天线上的信号的场强。通过测量天线端口上的电压和考虑天线系数，则能够计算场强。接收天线系数 AF 定义为

$$AF = E - V - A$$

式中，AF 为天线系数（dB/m）；E 为入射场强（dBμV/m）；V 为 EMI 接收机输入端口上的电压（dBμV）；A 为电缆损耗（dB）。

CISPR 16 要求接收天线系统的 VSWR 应小于 2:1。通常，这通过在天线的输入端放置一个衰减器来实现。取决于天线的 VSWR，衰减器的范围为 3～10dB。CISPR16 还要求使用线性极化天线。用于辐射发射测量的天线，有时要在天线的同轴电缆上使用铁氧体扼流圈来防止电缆到天线的电气不平衡。

发射天线系数 TAF 基于如下公式：

$$E_0 = (30P_n G_a)^{1/2}/d$$

式中，E_0 为场强（V/m）；P_n 为输入给天线的净功率（W）；G_a 为天线的数值增益（$10^{dBi/10}$）；d 为距离（m）。

发射天线系数用于计算天线距天线一定距离处的辐射场强。如果知道输入给天线的发射功率和发射天线系数，则能够计算产生的场强。

自由空间中的发射天线系数 TAF 定义为

$$TAF = 20lgf - AF - 20lgd - 32.0$$

式中，TAF 为发射天线系数（dB/m）；f 为频率（MHz）；AF 为接收天线系数（dB/m）；d 为距离（m）。

或者，对于给定距离，则有

$$TAF = E - V_m$$

式中，E 为场强（dBV/m）；V_m 为输入给天线的电压（dBV）。

假设 EUT 位于天线的远场，好的 VSWR 将能最佳地利用功率放大器的性能。

天线的方向性与其"波瓣宽度"有关，图 6.14 所示的波瓣图可理解为天线的"视角"。EMC 天线的设计通常使其波束宽度在半功率点之间主平面的 60°内。天线方向性强，会增加受试设备处的场强，而方向性弱则会使场强恒定的试验区域增大。为了覆盖给定尺寸的受试设备，与低增益的天线相比，高增益的天线必须距受试设备更远。

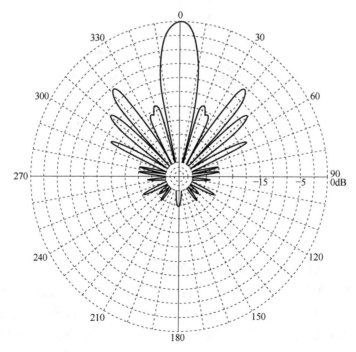

图 6.14　定向天线的波瓣图

天线的 VSWR 会影响辐射发射测量的测量不确定度，以及进行辐射抗扰度试验时所要求的功率。辐射发射测量失配的不确定度为

$$U = 20\lg(1 \pm |R_a| |R_r|)$$

式中，U 为不确定度（dB）；R_a 为天线端口的反射系数；R_r 为接收机端口的反射系数。

CISPR 16 要求 VSWR 为 2 : 1，则失配的不确定度为 + 0.9dB/ − 1.0dB。

6.4.4　场强测量探头

如果场测量探头（见图 6.15）用于确定场强而不仅是监测场强，则必须对其进行校准。

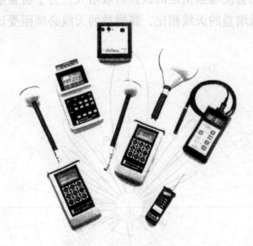

图 6.15　场测量探头

大多数探头测量的是电磁波的电场分量。

为了避免进行多种极化的测量，场探头的极化不敏感性（通常称为"各向同性"）应在 ± 0.5dB 内。探头应由总线进行控制和读数。场探头最重要的是频率范围、大的动态范围或远程转换，以避免试验人员不必要的干扰。场探头对调制波的响应，避免了在施加调制前应先确定无调制的场电平的问题。光接口最大限度地减小了对所测

量的场的干扰。除非场探头通过交流电源供电，否则电池寿命和充电时间则很重要。准确度应为 ±1.0dB 或更优，稳定时间（影响试验时间）为 0.5μs 或更小。

6.4.5　功率测量

由于功率计和传感器的值作为抗扰度测量的幅值参考，因此当使用计算场强的方法时，必须对它们进行校准。

热电偶型传感器

热电偶的工作原理是，因温度不同两种金属在热端和冷端的结点之间会产生电压。既然热电偶传感器会吸收射频、微波信号和加热"热"结点的元件，则它们给出的是所有类型信号（包括连续波、脉冲波、复杂的数字调制信号）的平均功率，而不考虑信号的谐波分量、波形或失真。由于热电偶功率传感器响应的是其整个动态范围内的总功率，因此，对于具有复杂调制方式的系统，这种类型的传感器应优先使用。由平均功率值和系统的占空比可计算雷达信号的峰值脉冲功率。

热电偶传感器的典型动态范围仅为 50dB，即 -30dBm（1μW）~ +20dBm（100mW）。当测量较低功率的电平时，这种动态范围有限的传感器需要更多的时间。

二极管传感器

二极管通过整流特性可将高频能量转换为 DC，根据的是它们的非线性电流-电压特性。典型二极管的检测曲线从接近 -70dBm 的噪声电平开始，一直扩展到 +20dBm。在它们特性曲线较低的"二次方律"区域，二极管检测的输出电压与输入功率成线性正比（即 V_{out} 与 V_{in}^2 成正比）。

当大于 -20dBm 时，二极管的转移特性向线性检测函数转变（即 V_{out} 正比于 V_{in}），二次方律的关系不再有效。从传统上说，二极管功率传感器的功率测量范围为 -70 ~ -20dBm，这就使得需要高的灵敏度时应优先使用。当要求快的测量速度时，由于二极管传感器对功率变化较快的响应，因此使用时要优先热电偶型的传感器。

表 6.3　功率传感器的类型

特性	热电偶	二极管
灵敏度	中等	高
动态范围	50dB	90dB
稳定时间	中等	快速

6.4.6　射频信号发生器

除非使用外部计数器，否则 RF 信号发生器可作为确定试验频率的装置。如果发生器单独用于确定试验频率，则需要对其进行校准。如果发生器的幅值不作为场强的参考，那么输出幅值可不进行校准，这时就要对场探头和功率计进行校准，用它们来确定幅值。

RF 信号源的类型如下：

- 扫频，在整个频率范围内连续扫频或步进扫频。
- 信号发生器，增加调制，产生"真实世界"中的信号。

与要求使用外部调制器的发生器相比，具有内部调制功能的发生器应优先使用。欧盟指令中的试验要求正弦波调制。脉冲调制用于模拟雷达信号。

- 范围，发生器所覆盖的频率范围。
- 分辨率，最小的频率增量。
- 稳定度，频率随时间或温度的变化。
- 准确度，发生器的频率能够被设置到何种准确度。
- 谐波含量，与模拟信号发生器相比，一些数字信号发生器具有较高的谐波含量，如图 6.16 和图 6.17 所示。

表 6.4　信号发生器的特性

	数字	模拟
优点	功率低 频率范围宽 稳定度好	谐波含量低 价格便宜 相位噪声小
缺点	谐波含量高 价格贵 相位噪声大	功率大 稳定度差

　　能够覆盖整个试验范围的单台信号发生器，可使 RF 转换最少。
根据数据报告和图形中使用的有效数字的位数（频率通常记录为三
位有效数字），通常认为分辨率、稳定度和准确度是足够的。相位噪
声、谐波含量和剩余调频通常也是足够的，但对于这几个参数发生器
和天线之间的 RF 放大器通常则非常的关键。

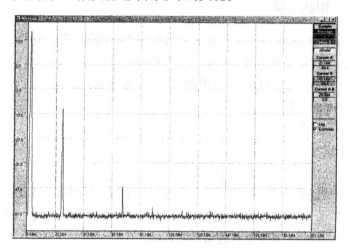

图 6.16　模拟信号发生器的谐波含量

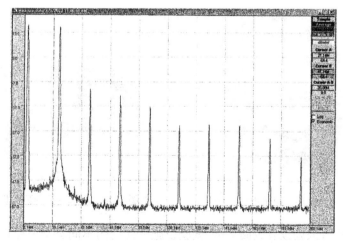

图 6.17　数字信号发生器的谐波含量

当射频发生器的内部输出衰减器进行切换以调节输出电平时，需要额外考虑的是瞬态和过冲。在输出电平切换的过程中若发生器出现偏差，必须注意的是，这种偏差是否是有效的，是否是由试验波形引起的，而不是由切换工件引起的。

6.4.7　阻抗电桥

图 6.18 给出了 EMC 实验室中另外一个有用的仪器。这种试验设备最初设计用来评估天线系统，其具有如下特性：

—覆盖 LF 到 VHF 和 UHF 的 RF 信号发生器；

—频率计数器；

—电感表；

—电容表；

—测量作为频率函数的驻波比。

业已证明，由于能够测量寄生电容和电感，并且可以作为低功率 RF 能量源，因此这些特点使得它们在 EMC 工作中很有用。图 6.19 给出了这种仪器带有输入连接的顶面板。

图 6.18　阻抗电桥

图 6.19　阻抗电桥的顶面板

作者鼓励读者查阅 EMC 试验设施中使用的不同类型试验设备的技术说明书。

6.4.8　频谱分析仪

EMI 接收机或频谱分析仪，用于测量发射或观测放大器的谐波。EMI 接收机的特点是本底噪声低和频率选择性好。在某些情况下，为了够快的测量速度而需要牺牲本底噪声和选择性时，则可用频谱分析仪代替接收机。

频谱分析仪的屏幕显示的是幅度-频率曲线，但也能够显示幅度-时间曲线。为了显示接近本底噪声的信号，幅度测量时可采用线性坐标；或者，为了信号大的动态显示范围，则可采用对数坐标。图 6.20 给出了频谱分析仪技术规范的示例。

频率范围	10kHz~1GHz	典型型号(频率范围扩展的型号可测量到更高的频率)
频跨	Hz到GHz	用户选择
分辨率带宽	kHz到MHz	用户选择
视频带宽	Hz到MHz	用户选择
信号输入范围	−100~30dBm	必须确保输入信号小于最大输入以避免对频谱分析仪的潜在损坏
解调	调幅	可得到调幅信号的音频输出

图 6.20　频谱分析仪的技术规范表

图 6.21 给出了一台频谱分析仪的实例，图 6.22 给出了其构成的框图。扫频发生器产生电压斜升，其对本地振荡器进行扫频，为 X 轴的显示提供时基。

当频谱分析仪进行扫频时，本振确定了其调谐的频率。

应注意的是，频率选择位于混频级之后。这意味着，尽管屏幕上扫频范围内的信号电平可能相对较低，但高电平的信号有可能被输入给了混频器，其位于扫频的频率范围之外。当使用频谱分析仪时，这可能是经常产生误差的原因，操作者必须确保混频器工作在线性状态。验证混频器是否工作在线性状态的最容易的方法是，在频谱分析

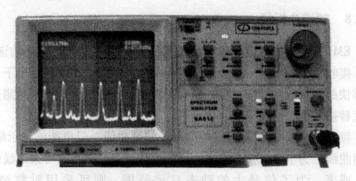

图 6.21 频谱分析仪显示窄带信号

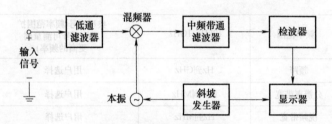

图 6.22 频谱分析仪框图

仪的输入端添加一个衰减值已知的衰减器，如 10dB。这时屏幕上的所有信号的幅值都应该减小 10dB。如果某些信号减小的值大于 10dB，就能够确认混频器工作在线性范围之外。为了确保混频器工作在线性范围，且不会在显示屏幕上出现失真产物，就要求使用频率预选滤波器、带宽限制或输入衰减。

假设混频器工作在线性区域，分辨率带宽（或中频带宽）将确定整个频谱上滑动"窗口"的宽度。中频增益确定幅值的动态范围，这指的是仪器的内部本底噪声和屏幕上显示的最大信号之间的幅值。

由于混频器的噪声系数较差，因此在测量接近本底噪声的信号时，有时要在混频器之前加装预放大器，但是必须小心应避免混频器过载。

检波器后的滤波器（有时称为视频滤波器）对其输出进行平滑

处理。对于峰值测量，不需要进行平滑处理，视频滤波器的带宽设置为分辨率带宽的 3~10 倍。如果测量的相干噪声接近本底噪声，则有时把视频带宽设置为分辨率带宽的 1/10~1/3。

EMI 接收机/频谱分析的检波器函数

测量发射时通常使用三种检波器函数，如图 6.23 所示。第一种检波器函数为峰值测量。它测量的是每个频率发射包络的最大值。第二种检波器函数为"准峰值"测量。它得到的是作为噪声重复率函数的时间加权峰值。这种检波器假设当不大于某一重复率时，较大的噪声重复率会使人耳感到更加的厌烦。最后一种为平均值检波器，其输出对应于发射的平均值。当测量接近系统本底噪声的弱相干信号时，这种检波器非常有用。应对商业和政府的要求时，要使用这些检波器函数。

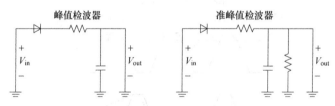

图 6.23　峰值和准峰值检波器电路

理解了这三种检波器函数的差异，能便于从背景噪声中提取出发射的特征，也可利用它们进行发射的排查。如图 6.24 所示，对于特定的脉冲噪声，峰值检波器得到的是整个频谱中每个测量窗的最大值。如果同样的发射用图 6.25 所示的准峰值检波器来进行测量，准峰值将略小于峰值。如果使用平均值检波器来进行测量，则平均值会小于准峰值。理解了这三种测量有助于确定发射是由那个部件或系统所产生的。

6.4.9　监测设备

EUT 监测涉及的设备包括数字、模拟或通信总线监视器，以及音频或视频链路等。这些设备通常通过光纤连接到试验人员的控制台，目的是不对 EUT 附近的场产生影响。光纤通过截止波导管穿入

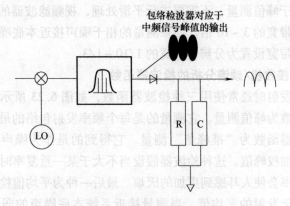

图 6.24 峰值检波器得到的波形

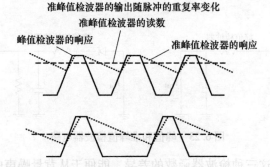

图 6.25 准峰值检波器得到的波形

屏蔽室，其直径由试验暗室使用的最高频率确定，其所选择的长度提供的衰减至少应和屏蔽室的屏蔽效能相等。

在暗室试验条件下，监测装置自身不能出现性能偏离。当 EUT 出现性能偏离时，应断开监视器与 EUT 之间连接的金属线束，以验证是否是监视器引起了 EUT 的性能偏离。当互联时，监视器的输入阻抗应使得其不会抑制 EUT 在试验过程中产生的性能偏离。

6.5 结果分析

试验报告需要符合某些标准的要求，例如，如果试验预期要证明符合 FCC 的要求，则试验报告必须包括特定的描述信息（即 47CFR 的 2.1033 部分所规定的）。标准 ETSI EN301 126 也规定了试验报告必须符合的格式。规定报告格式的一个原因是，使用不同语言的不同的国家监管机构可对这些信息进行复审。

如果没有规定报告格式，则试验报告至少需要包括产品管制和任何适用的质量标准（如 ISO 9000 等）中所要求的信息。

在开始试验之前，为了获得最佳的 EMC 性能，有经验的 EMC 工程师应对产品的设计、部件的布局和包装进行复核。

试验人员需要一个完整和仔细考虑过的试验计划。试验计划应包括以下内容：

- 使用原理图和配置图详细地描述 EUT 的运行。
- EUT、带连接器的线束和模拟器（如果需要）。
- 监测设备、光纤、视频设备等，当连接时它们不能对 EUT 的抗扰度产生影响。
- 最可能使 EUT 偏离其预期性能的或干扰无线电业务的试验频率（和抗扰度电平）。
- 运行模式，EUT 试验时哪种运行模式的抗扰度和发射很可能不通过，或 EUT 不通过时所产生的最严重后果。
- 产品的专用软件，最可能产生最大辐射发射或抗扰度时性能出现偏差的工作模式。
- 产品若出现问题时，需要联系的人及其联系方式等信息。

6.6 同轴电缆

哪种系统更有效

理解实际的传输线特性及这些特性是如何影响实际的试验布置或试验数据，是非常的重要。下面讨论两个例子。第 1 个例子如图 6.26 所示，一台 100W 的发射机的工作频率为 90MHz，通过一根 200ft 长的 RG-58 同轴电缆与天线相连接。第 2 个例子如图 6.27 所示，一台 60W 的发射机的工作频率为 90MHz，通过一根 50ft 长的

RG-58 同轴电缆与天线相连接。下面将通过计算表明在每种情况中实际上有多大的功率传输给了天线。

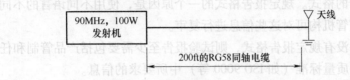

图 6.26　电缆损耗大的大功率发射

图 6.27　电缆损耗小的低功率发射

图 6.26 中，100W 通过一根 200ft 长的电缆到达天线。由本书第 4 章中常用传输线的特性表，能够得到每 100ft 的 RG-58 电缆其损耗近似为 4.5dB，因此 200ft 长的电缆损耗为 9dB。这意味着传输给天线的功率为 100W 或 20dBW 减去 9dB 的损耗。计算过程如下。这种计算表明超过 87.5% 的功率损耗在了电缆中，12.5W 的功率到达了天线。

$$-9\text{dB} = 10\lg（输出功率/100）$$

输出功率为，$(0.125 \times 100)\text{W} = 12.5\text{W}$

图 6.27 中，50W 通过一根 50ft 长的电缆到达天线。由本书第 4 章中常用传输线的特性表，能够得到每 100ft 的 RG-58 电缆其损耗近似为 4.5dB，因此 50ft 长的电缆损耗为 2.25dB。这意味着传输给天线的功率为 50W 或 17dBW 减去 2.25dB 的损耗。计算过程如下。这种计算表明 44% 的功率损耗在了电缆中，28W 的功率到达了天线。

$$-2.5\text{dB} = 10\lg（输出功率/50）$$

输出功率为，$(0.56 \times 50)\text{W} = 28\text{W}$

在第 1 种情况中，怎样能够增加到达天线的功率呢？尽管第 1 种情况中的发射机功率比第 2 种情况中的要大 3dB，但第 1 种情况中到达天线的实际功率却比第 2 种情况小一半多。使用以下几种方法可增加传输给天线的功率。

- 使用增益天线补偿传输线的损耗。
- 使用大功率的发射机或放大器，以增加同轴电缆的输入功率。
- 使用在工作频率范围内损耗较小的传输线。

理解传输线的损耗为什么这么重要呢？原因是这种信息能够用来确定试验仪器所测量的实际信号电平，以与测量天线端口处的电平相比较。下面给出一个例子。

假设有一个幅值未知的发射源，把天线和电缆连接到频谱分析仪的输入端，其在 90MHz 的读数为 5dBμV。已知连接天线和频谱分析仪的 RG-58 电缆的长度为 400ft。现在要确定测量天线处电平的幅值是非常简单的事情。

计算过程如下：

$5dBμV + (4 \times 4.5) dBμV = 23dBμV$。如果电缆换成损耗更小的类型，则频谱分析仪上的读数将变大。因此就能明白，测量低电平信号时要求电缆的损耗尽可能小。

从这点来看，复习前面章节讲述的内容则非常的有用，因为它们在 EMC 试验和分析中起着重要的作用。

首先是能够把信号电平从线性单位转换为 dB。了解用线性单位和 dB 表示的电平之间的关系能够加强对问题的理解。认识到把电压、功率和电流电平转换为 dB 时公式的不同也是非常重要的。

其次是把增益或衰减表示为 dB。用正的 dB 值表示增益，用负的 dB 值表示衰减（损耗）。本书也讨论了传输线的特性及给出了 EMC 实验室中常用的电缆特性的信息表。任何类型的 EMC 数据都要包括整个测量系统的参数。这些参数包括放大器的增益或传输线的损耗。

本书已简单地介绍了 EMC 测量设备和测量技术。理解政府的法规、工业标准、国家和国际标准、军用标准和合同要求，也是非常的重要。在这些法规、标准和合同要求中则规定了特定的试验程序和数据表示。

6.7 EMC 实验室的"虚拟"参观

如果不对部件和车辆 EMC 试验设施中的基本组成进行回顾和概述，则就不能完整地理解汽车系统的 EMC。图 6.28 和图 6.29 给出了用于车辆 EMC 试验的暗室和混响室。用于车辆和部件试验的设备和设施大多数是相同的。

图 6.28　电波暗室中的受试车辆

图 6.29　混响室中的受试车辆

下面给出许多两者试验时共用的设备，给出了典型的图和照片例证下述的讨论。

实验室中最重要的设备之一是天线。这是因为天线用于接收发射信号或在抗扰度试验中为受试设备提供大量的能量。

本书的其他章节讨论了天线的基本类型。图 6.30 所示为双锥天线。可以看到，这种天线看上去像是在其起始点连接在一起的两个锥。因此这种天线通常被称为"双锥"天线。

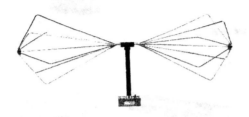

图 6.30 双锥天线

EMC 试验设施中的另外一个关键组件是把天线的能量传输给测量设备。这通常由同轴电缆完成。同轴电缆的一些特性使得其在试验设施中被用作传输线。

在本书的其他部分，已详细地讨论了传输线。这里仅重述一些要点。这些要点包括以下几方面。

1）可弯曲使用（能够容易走线）。

2）设计阻抗能和大多数试验设备的阻抗相匹配。

3）"自屏蔽"特性，不像其他明线线路。

最常用的同轴电缆类型如下：

- RG-58，直径小、柔韧度好、损耗适中，可用于短路径和跨接线。
- RG-59，柔韧度小，阻抗为 70Ω，用于视频电缆。
- RG-174，细的柔韧电缆，用于移动无线电的天线。
- RG-213，具有保护外套的低损耗电缆。
- Heliax 电缆，柔韧度好的同轴电缆。
- 硬线，刚性低损耗的大功率电缆。

- 波导，用于微波频率的低损耗传输线。

图 6.31 给出了一些同轴电缆的例子。

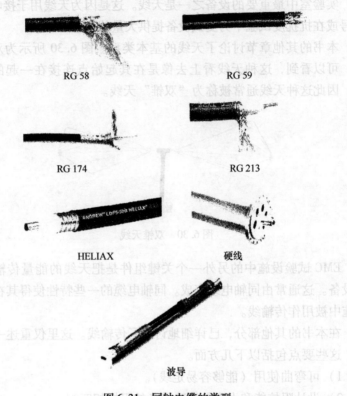

RG 58　　　　　　　　RG 59

RG 174　　　　　　　RG 213

HELIAX　　　　　　　硬线

波导

图 6.31　同轴电缆的类型

　　接下来一个重要的试验设备，是工作在 EMC 领域的人都必须学习和使用的频谱分析仪。频谱分析仪的详细工作原理前面已进行了讨论。图 6.32 给出了典型频谱分析仪的实例。

　　下面以实例的形式给出其他试验设备和设施。它被以不同的方式提到，其实从本质上来说就是一个房间，设计用来为外部 EMC 环境与内部试验配置之间提供一定量级的隔离。这种房间被称为"屏蔽室"。它能屏蔽电场，可用于辐射发射或辐射干扰试验。图 6.33 给出了典型屏蔽室的实例。

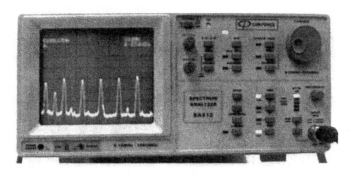

图 6.32　频谱分析仪

频谱分析仪的典型使用涉及将其设置到特定的特性，然后提供输入信号。对于大多数的符合性试验要求，这种设置在规范中已做规定。这样做的目的是，确保不同实验室的测量数据以及是否满足规范要求的确定之间具有可比性。大多数的规定设置涉及的是，分辨率带宽（RBW）和视频带宽的选择。本书的其他章节

图 6.33　屏蔽室

已对这两种带宽进行了详细解释。其他的重要设置包括输入衰减器的大小，典型值为 10dB 的倍数（通常从 0dB 开始）。另外一个设置为屏幕上显示的频率范围，表明了想要显示的频谱部分。

大多数频谱分析仪的频率显示范围从几百 kHz 到几百 MHz。频率范围的设置取决于需要的特定数据和要求的细节层次。

频谱分析仪的典型屏幕如图 6.34 所示，是 FM 广播频段。

由于频谱分析仪给出的是所关注的特定频段内的所有数据，因此有时它是一种显示信号的方便的方法。对于这种显示，能看到有许多信号，它们的幅值彼此不同。这是由于它们的发射功率和发射机到测量天线的距离不同。

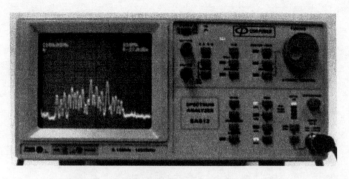

图 6.34 测量 FM 频段信号的频谱分析仪

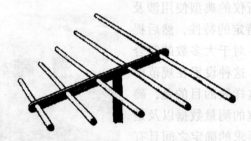

图 6.35 LPDA 天线（对数周期偶极子阵列）

常用试验布置中的另外一个组件为"增益"天线，如图 6.35 所示。这些天线具有的一些特性，使得它们在 EMC 试验布置中起着重要的作用。本书的其他章节已讨论过的一点是，增益天线在特定的方向具有主灵敏度。这意味着它们能有效地增加接收信号的电平，或者能有效地增加发射机的发射功率。在整车的辐射发射试验中，当出现问题时，这些天线可协助进行诊断。方法就是将天线放置到车辆的不同部位，以确定产生的发射量值。对于进行抗扰度试验的系统，增益天线也可用于提供附加的场电平。这相当于降低了对大功率放大器的要求。当不使用增益天线时，则要求放大器的功率更大。

总之，本书已讨论了 EMC 实验室中常用的设备和设施，以及如何使用它们。下面将讨论其他常用的典型天线。这些天线包括下述几种。

环天线

由于环天线是对磁场分量而不是对电场分量产生响应，因此当测量低频发射时其很有用。环天线通常也具有电场屏蔽的特点，除了天线顶端小的间隙，屏蔽层几乎包裹了整个天线。这种屏蔽层能够使低频时的大多数噪声最小，从而得到受试设备产生的实际发射曲线。环天线如图 6.36 所示。

图 6.36　环天线

最后一种天线是低频单极天线。这种天线非常简单，用于进行电场测量。由于其自身的特性，单极天线通常在基座中有放大器，用来增加天线系数及对于窄频率范围不需要进行匹配网路的切换。通常单极天线的最高工作频率大约为 20 ~ 30MHz，与差模电流源相比，其对共模电流源更为敏感。图 6.37 所示为单极天线。

知道受试设备的传导发射电平，也是非常重要的。测量这些电平时要求受试设备和为其供电的主电源之间存在隔离。这种隔离由称为线路阻抗稳定网络（LISN）的装置实现。根据功率和载流能力，商用 LISN 的种类很多。图 6.38 所示的 LISN 是一个典型实例。

LISN 的作用如下：

1. 为受试设备提供恒定的阻抗。

2. 隔离受试设备电源线上的噪声，以防止其返回到供电电源。

3. 为在 LISN 输出端口所要测量的噪声提供低阻抗的路径。

图 6.39 给出了 LISN 的原理图。

图 6.37　单极天线

图 6.38　LISN

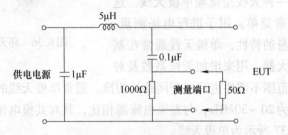

图 6.39　LISN 的原理图

如图 6.39 所示，可以看到 LISN 的工作原理。其右侧与受试设备相连，5μH 的电感能够阻止任何噪声（通常是 RF 含量）流进供电电源。噪声通过 0.1μF 的电容耦合给测量端口。在 LISN 的供电电源侧，5μH 的电感能够阻止电源侧存在的任何噪声流进测量端口。

LISN 的作用是把差模电流和共模电流与供电电源隔离开，通过将共模电流返回到产生它的源，来尽可能减小对它的影响。LISN 通常由滤波器网络组成，几乎所有的装置都需要某种类型的电源线滤波以尽可能减小传导发射。

建议读者去学习了解那些经常要使用和搭建的基本类型的无源滤波器。下面将简单地讲述这些滤波器。

基本类型的滤波器有 4 种，它们的作用如其名，分别是低通、高通、带通和带阻，如图 6.40 所示。

低通滤波器的构造，使得在不大于某个预期的频点时，其对低频信号具有很小的衰减。

　　高通滤波器的构造，使得在某个特定频率之上时，其对高频信号具有很小的衰减。

　　带通滤波器为一种特殊类型，能对某两个频率之间的信号具有很小的衰减。相反，带阻滤波器能对高于某个频率和低于某个频率外的信号的衰减很小，而对这两个频率之间的信号会产生很大的衰减。

　　这些基本类型的滤波器的电路结构如图 6.40 所示。

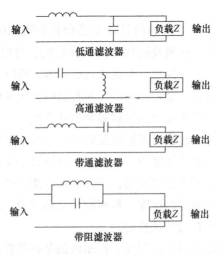

图 6.40　四种类型的滤波器

第 7 章　EMC 建模

7.1　EMC 建模的价值

　　EMC 试验，是一个费时的且需要整合各种资源的过程。不幸的是，这些试验通常是在研发阶段的后期进行的，这时若出现 EMC 问题再进行纠正则会更加困难且需要更高的成本。所以，有效的解析和数值方法已变得日益的重要，它们作为有效的方法可用于确定外部场对汽车电子系统的影响或预测发射将会怎样产生。

　　适当的电磁兼容建模可缩短研发时间，建模结果的准确性对于电缆和部件布置的规划是足够的。如果在车辆设计早期进行 EMC 分析，线缆和部件的布置则会更加灵活，不需要明显地增加成本就可通过布置的变化以提高车辆的抗扰度。早期的仿真和试验，能够显著减少最终的产品在暗室中花费的试验时间。

　　车身内的谐振会增强入射场，在车内的某些位置场强值甚至能够达到外部场强值的几倍。因此，在设计电系统部件（线束、电气和电子装置）时就必须考虑对这样的骚扰具有足够的抗扰度。因为已知了这些位置，当线缆和电子系统位于这些区域内时，就可以减小所施加的电场强度。另外，如已知了车辆内部与外部环境能够进行很好耦合的位置，就可用于布设这些电系统装置，如具有一体化天线的遥控钥匙（RKE）模块，这些天线设计用来与车辆外部的装置进行耦合。

　　建模可用于研究外部和内部源的耦合。车辆内的便携式无线电发射机，以及有意和无意接收机（即蜂窝电话、CD 播放器，GPS、"对讲机"等）的影响，与车辆外部源的影响是一样的显著。

　　然而，面对的挑战是，由于 EMC 本身的特性，EMC 建模是一项困难的任务。由于 EMC 研究的"不是原理图上的问题",因此 EMC 建模的很多复杂性涉及的是如何确定模型的相关参数。不像电路分析,其已有更严格的规定,EMC 建模仍是一门处于设计和发展阶段的学科。

到目前为止,EMC 建模主要涉及的是印制电路板和部件级的装置。与大系统(如整个汽车车辆或系统的完整模型)相比,这些装置更简缩和更容易进行规定。很多参考文献的研究表明,这种技术在许多问题上已成功应用,如计算机主板上的或数字装置内的串扰。

汽车系统 EMC 建模的目的,是提高分析的效率和有效性,或是想完全代替费时费钱的试验。建模会对汽车系统的 EMC 工作产生很大的影响,且预期能获得显著的利益。

7.2　发射建模

为了理解 EMC 建模的原理,研究这门学科所覆盖的范围及所包括的特定内容是十分有帮助的。建模的内容之一,就是预测装置或部件产生的辐射发射电平和类型。

首先讲述此内容的原因如下:

1)由于辐射发射是最早出现的 EMC 问题之一,因此这些年在该方面进行了大量的研究且获得了相应的数据。

2)应深入地理解产生辐射发射的现象。这些内容已在本书的其他章节讨论过,辐射发射从本质上来说是与环路面积、共模电流和差模电流等有关。

3)很多研究文献很好地记录了很多产生辐射发射的实际装置,以及与此相关的印制电路板的布线特点。

由于很多重要的原因,抗扰度的建模更加困难,这些原因如下:

1)需要理解部件的工作原理及它们是怎样受到外部能量源的影响(对于不同的装置,能量的影响不同)。

2)需要知道产生抗扰度问题的耦合路径以及这些路径的耦合效率。

3）需要明确干扰在到达敏感部件之前，印制电路板上的其他部件改变干扰的方式。

建模面临的挑战

假设需要理解和正确地定义电路和系统的物理原理，仍需要通过以下方面来形成精确的数值工具以定义能量的耦合路径：

1）理解耦合路径。

2）量化耦合路径。

3）识别可应用的纠正措施或对策，以尽可能地减小电路或系统之间不需要的相互作用。

根据对印制电路板 EMC 问题的讨论，应认识到，由于以下原因所以印制板的设计和布线非常重要：

1）需要了解印制电路板上走线的特性、板上的相互作用及耦合的度量。

2）需要规定和量化某些项目，如电源总线噪声。对于这样已有的 EMC 问题，由于施加的额外能量可能影响电路，而引起 RF 干扰问题。

3）要求清楚地知道和规定无源元件的参数（集总式和分布式）。

4）需要规定可能作为外部能量屏蔽体的不同系统和元件的结构。已经知道，屏蔽能够实质性地改变 EMC 性能。

建模面临的其他挑战还有使用的导线和电缆的类型，它们是怎样走线的，是怎样被捆绑在一起的，以及它们的构造。系统和部件的结构，如机架或机壳，实际上可作为能量的导体。这也需要在建模的过程中予以考虑——这可能是十分复杂的任务。

7.3 建模的目标

EMC 建模的总体目标，与其他工程中进行的建模工作的总体目标，是相同的。人们期望的是，在确定设计的过程中，建模对关键的步骤有所帮助。其中一个步骤就是确定电路的布线。常见的是，在进行电路板或电路布线时，未充分考虑对 EMC 性能有重要影响的问题。

建模的主要作用，就是识别潜在的 EMC 问题。这也是人们熟知的二八定律。在 EMC 中这意味着，20% 的部件或系统会产生 80% 的问题。建模就是为了减少这样的工作量，不是去处理所有的问题（即 100% 的问题），而是把其中 80% 确定为不是问题。建模的目标是，根据各种问题对 EMC 的影响来确定 20% 的重要问题。

对建模的另外一期望是，通过定义基于小部件的模型，然后能将这种部件"放大"到大型复杂系统的分析。这意味着准确的系统模型和可能不准确的结果之间会是存在差异的，理解这一点非常重要。

EMC 建模的目的是得到部件级的数据，然后使用这些数据以提高系统级分析的准确度。

关于这方面的一些"具有启发性的思路"如下：

1）由部件级的信息使用模型建立"传递函数"，然后在系统级使用此传递函数。

2）使用模型形成关于系统阻抗的知识。

3）能够对电流流动路径进行建模和确定共模和差模电流的幅值。

可采用的建模过程

该过程框图如图 7.1 所示。

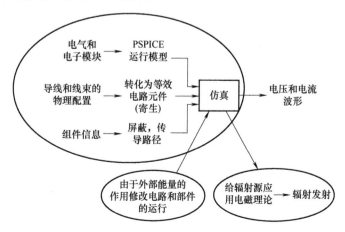

图 7.1　建模过程框图（输入和输出）

建模的前景

什么是 EMC 建模长期使用的方法呢？EMC 建模工作，与计算机工程研究工作和过程中一些问题似乎是相同的。其中就包括信号完整性的研究，研究目的是理解电源和信号是怎样通过电路传输的。

EMC 建模的过程包括如下几方面：

1）建模系统的初始性能。

2）在某些区域进行重点试验，如认为是关键的或与它们相关的边界条件不是很好的区域。

3）为建模结果的完整性提供反馈以继续进一步的对模型进行完善。

总之，EMC 建模很有可能替代 EMC 工作中普遍存在的"设计—试验—整改—再次试验"的迭代过程。需要强调的是，建模工作是十分复杂的过程。

第8章　电缆和线束布线的影响

8.1　传导发射和抗扰度

前面已经讨论了一种 EMC 模型，其辐射为通过空气或真空的耦合路径。本章将讨论的问题，就是沿着某些类型的导线、电缆甚至车辆或系统组件的导电部分的传导也会产生发射和抗扰度问题，记住这个事实非常重要。

8.2　汽车工业 EMC 问题的处理方法

为什么说电缆和线束的布线对于汽车工业很重要呢？这是因为汽车行业认识到电子模块通过线束互连时会在车辆上产生 EMC 问题。

在汽车系统环境中，普遍采用电缆来互联。多年来，汽车系统都是利用导线和线束在车辆上进行电源和信号的分配。可以预期的是，这种情况在近期不会发生改变，因此本章将讲述电缆和线束的布线对 EMC 的影响。理解电缆和线束布线影响的关键参数，就是寄生电感和寄生电容。

8.2.1　布线对于 EMC 的重要性

下面来讨论一下经常被忽视的但在 EMC 中却是很重要的一个问题。在 EMC 中，主要关注的是明显可见的部件和系统，通常认为所有的 EMC 问题都是由它们产生的。通常并不考虑系统和部件之间的连接线，或者认为它们仅是"导线"，没有什么特别的原因要对它们的特性进行深入研究。不幸的是，这些电缆和导线系统在 EMC 问题中起着重要的作用，是许多 EMC 问题产生的根源！这是因为虽然导线和电缆自身为"无源"，但它们会产生寄生电容或寄生电感。这些由导线或电缆形成的"寄生"电容或电感会产生一些 EMC 问题，它们就好像是有意安排在电路中的。本章将讲述导线和电缆的布线，这有助于减少 EMC 问题或避免出现不期望的 EMC 问题。

8.2.2　导线布线对 EMC 的作用

首先了解一些重要因素，导线和电缆布线是怎样产生 EMC 问题的。把部件或系统与导线相连时，目的是让能量以功率或信号的形式流入或流出装置或部件自身。这种连接也可能会导致非预期的能量或噪声流入或流出装置。读者需要了解产生 EMC 问题的两种主要类型的电流，即

- 差模（DM）电流
- 共模（CM）电流

DM 电流是预期想要的，如在两根不同的导线中流动的电源电流或电源返回电流。DM 电流在每根导线中流过的方向相反，DM 电流的另一种情况是信号电流和沿着导线在相反的方向上流过的信号返回电流。有时会遇到这样的情况——电流沿着多条路径在多根导线或导体中向同一方向流动。这种电流称为 CM 电流。研究人员常遇到的挑战是，DM 电流和 CM 电流都会导致 EMC 问题。这两种电流都有其自身独特的 EMC 特性，包括沿导线传导的噪声，导线的作用犹如"天线"一样，可接收外界的电磁能量或将系统的电磁能量辐射出去。

8.2.3　早期车辆的布线

汽车线束的布线会产生 EMC 问题，这对当今车辆的影响很显著。如果看下早期的汽车，如图 8.1.a 所示，会注意到，车上只有几个电气装置且没有电子设备（除了收音机，如果安装的话）。如果观察汽车的线束，也会注意到，这些线束主要是用来连开关以控制各个灯和点火系统。这样的车辆大约有 150ft 长的电缆和线束，重量仅为 10lb 左右。而目前的汽车，如图 8.1.b 所示，可以看到，车辆上的部件数

量和线束的复杂性显著不同。当今汽车上的电缆长度可能超过
1mile⊖且可重达 100lb 以上！对于老式汽车，从 EMC 的角度来看，
其特点如下：

* 没有太多的电气和电子装置。
* 装置是用相对简单的线束连接的。
* 由布线产生的 EMC 问题很少。

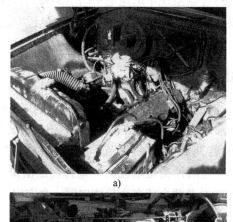

a)

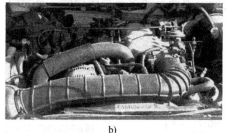

b)

图 8.1 老式汽车与现代汽车的线束

a）老式汽车的线束 b）典型的现代汽车线束

8.2.4 真空吸尘器事故

与传导问题有关的另一个问题是，由于部件的接通与断开，造成

⊖ mile：英里，1mile = 1609.344m。

电源负荷的变化，使得一次电压和电流低于要求达到的电平。在汽车运行的情况下，设计了很多的试验来确定正负电压瞬态产生的影响。值得关注的是，这并不是汽车系统独有的。这也是1985年美国国家航空航天局（NASA）太空实验室在执行任务中遇到的情况，这例证了这类系统相互作用的后果和部件的性能。在太空实验室执行任务期间，机组人员决定使用某真空吸尘器取代经实验室批准的真空吸尘器。这导致了飞行控制系统中电压电平的下降和飞行计算机的无意关机。所以，置换设备的底线是，若该真空吸尘器没有进行完整的试验就不应使用。

8.2.5 共模电流和差模电流

EMC中的一个重要概念是理解电流什么时候在流动及它不会在哪里流动。这听起来只是一个基本的表述，但它就是这么基本而重要。

线束中流动着两种类型的电流。它们被称为"CM电流"和"DM电流"。研究这两种类型电流的一些特性是很重要的。CM电流是指，在同一时间沿着两个或多个导体向同一个方向流过的电流，如图8.2所示。

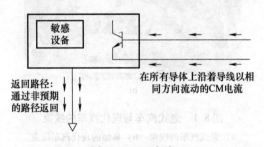

图8.2　CM电流

8.2.6 射频发射和抗扰度

以DM形式流动的电流，意味两根导体上流过的电流相位差为180°，如图8.3所示。

将DM电流表示为I_d，CM电流表示为I_c。在纯粹的DM电流中，两电流的幅值相等但相位相差 180°。在实际当中，总的 CM 电流是图 8.4 所示的这两个 I_c 之和。这将导致每一根导线中的总电流为 I_1 和 I_2。这两个总电流为 I_d 和 I_c 的代数和，如图 8.4 的等式所示。

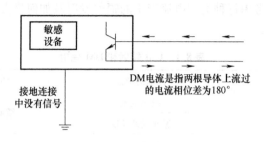

图 8.3 DM 电流

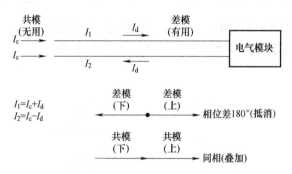

图 8.4 DM 电流和 CM 电流

虽然 CM 电流和 DM 电流自身是不重要的，但研究它们有助于诊断 EMC 问题。这是因为每种电流会产生不同类型的条件。理想情况下，电路和系统只会产生明确规定了路径的 DM 电流，然而实际情况并非总是如此。在许多情况下，都会遇到 CM 电流。

DM 电流的优点在于它能沿着预测的（和期望的）路径流动。而 CM 电流则沿着最小阻抗的路径流动，即使这种路径会导致系统或器件非预期的运行状况。这甚至可以导致电流会从预定的"输出"端流入。如果这种情况真的发生，那么就可能使系统或器件出现不正确运行的电流路径。

下面将讲述 CM 电流和 DM 电流之间的差别。

DM 电流的另一个特点是，它们的幅值相同而相位相差 180°，每一个电流所产生的磁场将互相抵消。若在整个导线附近区域积分的话，其结果将是磁场值为零。

下面再考虑每种类型电流产生的辐射发射及如何最大限度地减小它们的影响。

表 8.1　CM 辐射和 DM 辐射

	采取的措施	场　强
DM 辐射	减小电流	电缆旋转不敏感
	减小线路长度	
CM 辐射	减小电流	电缆旋转敏感
	减小环路面积	

表 8.1 给出了 CM 电流和 DM 电流的一些辐射发射特性。如果考虑不同电流类型产生的辐射发射场，如图 8.5 所示，则会得到以下结论：

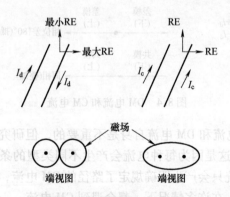

图 8.5　DM 辐射和 CM 辐射

● 对于 DM 电流，最小辐射发射（RE）场发生在离导线平面 90°处，而最大 RE 场发生在导线平面上。端视图显示的是环绕两根导线的"8"字形。

● 对于小于 1/4 波长的环路的 DM 电流而言，最小 RE 场发生在离导线平面 90°处，而最大 RE 场发生在导线平面上。端视图显示的是两根导线的"8"字形。如果环路长度是 1/4 波长，则要变化 90°。

　　● 对于 CM 电流，会得到环绕两根导线的对称 RE 场。这是因为产生这个场的 I_e，其作用有些类似天线（由于其 RE 的有效性，CM 电流有时称为天线电流）。CM 电流产生的场的端视图看起来像围绕着这两根导线的椭圆形环。

　　下面总结一下由射频（RF）电流产生的 RE 特征。

　　表 8.2 所示的特征说明了 DM 电流和 CM 电流都会产生 RE，每种类型电流产生的场的分析方法不同。这同时也表明了要分析产生 RE 的 CM 电流是比较困难的，并且也根本不需要这些 CM 电流。

表 8.2　由 RF 电流产生的 RE 特征

类　　型	分析效应的方法	产生的起因
DM 电流	传输线模型	"有用"电流
CM 电流	各种效应	"无用"电流

8.2.7　测量射频电流的方法

　　知道电路中的或沿着导体流动的噪声电流或射频电流是很重要的，这些电流可通过使用不同类型的探头测量得到。这些探头通常是钳住导线或环绕导线放置的，测量由导线周围的磁场产生的 RF 电流（右手定则）。这些电流探头通过校准，可给出电流的相对值或绝对值。图 8.6 给出了探头的放置位置及得到的测量结果。

　　如图 8.6 所示，探头环绕着 DM 电流。载有 DM 电流的每个导体都将产生磁场，但两个磁场的方向相反。既然这是 DM 电流，因此将导致电流探头的测量值为零。

　　测量 CM 电流的情形如图 8.7 所示，测量值将不为零，这是因为它是基于每个磁场的代数和，也就是基于电流的代数和。

　　以上内容说明了电流探头是重要的诊断工具，介绍了电流探头的工作原理及各种测量方法。

　　图 8.8 给出了一个使用 RF 电流探头验证"接地带"的功能的实例。这些类型的连接通常想尽力减小部件或系统的发射，不过它们常

常是毫无效果的，但人们并不总是明白为什么会这样。一种快速确定"接地带"是否有效的方法是，测量流过连接线的电流（可能重点要放在想尽力减小的某个频率的噪声上）。如果"接地带"上没有电流流过，那么这就表明它没有按照预期的设计在工作。作者见过许多需要"接地带"的实例，但安装或拆除这些接地带，系统特性相同。如果进行了这样基本的测量，则可能避免相应的成本、时间和这些连接的安装对生产制造的影响！

还有一些低频类型的钳形电流表，它们可用于诊断 60Hz 电流产生的问题。这些装置结构简单，主要由一个线圈（用于检测磁场）和一个简单的仪表构成。在这种电路中也会有一个用于 AC 电流整流的二极管，能使 DC 表读出与被检测的电流成正比的电压幅值。

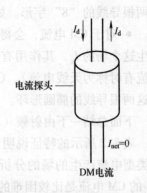

图 8.6　使用探头测量 DM 电流

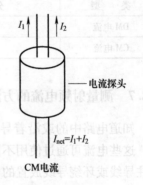

图 8.7　使用探头测量 CM 电流

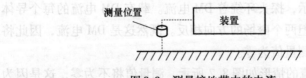

图 8.8　测量接地带中的电流

图 8.9a 给出了钳形电流表的应用电路原理图，图 8.9b 给出了其实物照片。

图 8.10 给出了 DM 电流的相消作用。如图 8.10a 所示，如果只测量一根导线，则只显示一路中的实际电流。若两根导线都穿过电流

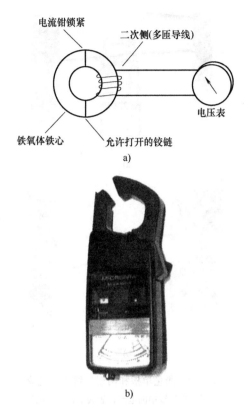

图 8.9　钳形电流表
a) 钳形电流表的应用电路原理图　b) 商用钳形电流表

探头，如图 8.10b 所示，则相反方向的两个电流会相消，钳形电流表测到的电流为零。

DM 电流和 CM 电流的概念还能延伸到更高的频率，它们也可能引起汽车系统的 EMC 问题。在这种情况下，电流已由外部的能量源产生，如附近的 RF 发射机。对骚扰幅值有影响的几个关键因素如下：

- 外部场的频率。
- 受到影响的系统中的导体物理尺寸和特性。
- 外部场的幅值和方向。
- 受到影响的系统中的源和负载阻抗。

a)

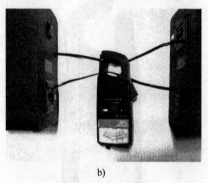

b)

图 8.10　测量单根和两根导线中的电流

a）测量单根导线中的电流，表头上显示电流值

b）测量两根导线中的电流，表头显示的净电流值为零

这可通过下述内容说明：

如图 8.11 所示，可以考虑这些因素对系统运行的影响。一个外部能量源（这种情况下它是从偶极子天线辐射出来的），与电路的距离为 d。其他的重要参数是连接到装置的线束长度和导体之间的间距。

电场强度和磁场强度之间的关系如下：

$$E = (377\Omega)H$$

式中，E 为电场强度（V/m）；H 为磁场强度（A/m）；377Ω 为自由空间波阻抗。

$$E = (30P_tG)^{1/2}/d$$

式中，G 为发射天线的数值增益；P_t 为总的辐射功率；d 为天线与受影响电路之间的距离。

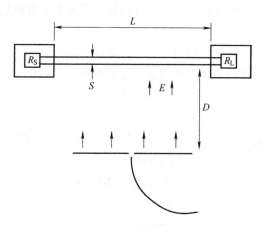

图 8.11   偶极子天线辐射场中的线束

确定 E 后，E 除以自由空间波阻抗（假设受影响电路与辐射源之间的距离 d 满足远场的条件），就很容易通过换算计算出 H。

总之，有关 CM 电流和 DM 电流的要点如下：

- 两种电流都可引起电路的辐射。
- 理论上，DM 电流产生的场会 100% 相消，与 CM 电流产生的辐射相比，它们辐射的能量几乎很小。
- 这两种条件都会将外部的能量源引入电路或系统中。即，通过导线的长度和所形成的环路都会产生这种条件。

8.2.8   差模电流产生的辐射发射电平

下面讨论由电路的 DM 电流产生的预期辐射发射。虽然这种类型电路产生的场绝大部分都可相消，但由于电路的几何结构使得它们仍会产生辐射场。

场强（远场的）和 DM 电路中的电流之间的关系如下：

$$E = 131.6 \times 10^{-16} (f^2 AI)(1/r) \sin\theta$$

式中，E 为电场强度；f 为 DM 电流（噪声电流）的频率；A 为 DM 电流的环路；I 为电流；r 为测量场强点到环路的距离；$\sin\theta$ 为环路与测量点之间夹角的正弦（最坏情况下，$\sin\theta = 1$）。

另外一个重要方面是，源的环路长度必须小于电流频率对应波长的 1/4。

这个公式也假设环路位于一个开放的空间区域。如果环路位于反射表面以上，则该公式中的常数值要倍增至 263×10^{-16}，这是因为入射到反射表面的能量波会被反射，其与原始（直射）发射波是同相位的。

下面讨论图 8.12 所示的这类发射的例子，参数如下：

$$f = 96\text{MHz}$$
$$A = 3.14 \times 10^{-4}\text{m}$$
$$I = 10\text{mA}$$
$$r = 3\text{m （位于远场）}$$
$$环路直径为 20\text{mm}$$

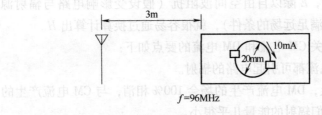

图 8.12　DM 辐射

根据上述参数，可得到电场强度 $E = 0.127\text{mV/m}$ 或 $42\text{dB}\mu\text{V/m}$。

这里得到的是在距离环路 3m 远处的发射值。如果想减小该发射值，应该怎样做呢？可用方法之一是减小环路 A。在汽车上，可能就是改变某些线束的路径或是重新改变线束中某些导线的位置。另一个方法是减小电路中的电流。这也将减小场强。从电场的角度考虑，最后一个方法可能是最佳的，那就是重新定位装置或电路的位置，使得 $\sin\theta = 0$。然而，这可能是不切合实际的。

从现实的角度来看，要使电路只有 DM 电流是很困难的，这是因为在大多数的情况下小系统的不平衡都会产生很难被诊断出来的 CM 电流。

8.2.9　与电路设计有关的差模电流

前面已经讨论过，由于 CM 电流很大程度上会导致辐射发射问题，因此可能的话还是希望电路中只有 DM 电流。通过研究电路的结构，也能描述这种 CM 电流及其所产生的场强的影响。

CM 辐射的问题通常是由具有不同噪声电压电平的电路互连而产生的。这种互连会在电缆和导线中产生流动的 CM 电流，如图 8.13 所示。

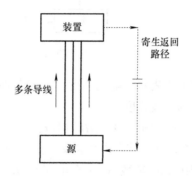

图 8.13　具有 CM 电流的源和装置

图中，CM 电流沿着线束配置中的多条导线流动。实际上，该图与图 8.14 所示的系统看上去是相似的。

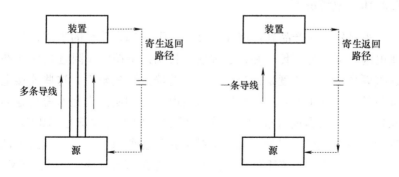

图 8.14　等效电路

这意味着辐射来自两个设备之间的互联导线。现在如果再进一步的简化，就可以得到图 8.15 所示的一副垂直天线，该天线的电流现在可以用 CM 电流来表示。

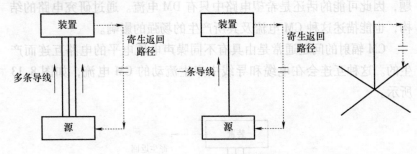

图 8.15　等效的垂直天线

这种关系可用下式表示。电场强度由下述条件决定，即电流值、频率和这种情况下的导线长度：

$$E = 4\pi \times 10^{-7}(fIL)(1/r)\sin\theta$$

式中，L 为导线长度以外；其余参数含义与前相同。

利用前面使用过的参数（除了几何结构），可以得到 E 为 8.04mV/m 或 78dBμV，它比之前的值大 36dB！这仅是因为 DM 电流变为了 CM 电流。由此可以看出，电路的类型对场的大小有着重要的影响。

8.2.10　电缆屏蔽

很显然，从产品到环境或反过来，干扰耦合路径的主体都是连接电缆。通过低频传导和通过辐射，特别是谐振频率附近频率（在这些频率上电缆长度是四分之一波长的倍数）的辐射，这些连接电缆与外界形成了有效的传感器。这些电缆有的实际上是有意传输高频信号，如数据信号或视频信号，但更强的干扰源却是 CM 噪声，它们可以在电缆接口处耦合到电缆上并且在所有的电缆导线或屏蔽层上流动，而这些 CM 噪声可能与信号并无直接关系。因此，EMC设计的一个主要方面是关注装置与其连接电缆之间的接口。

一类主要的辐射发射源是非屏蔽电缆或屏蔽不良的电缆。电缆经常使用的屏蔽类型有以下四种：

1. 编织线
2. 软导管
3. 刚性导管
4. 高磁导率材料的螺旋片

　　在这四种类型中，编织线相对较轻且最容易使用。要强调的是，电缆屏蔽层的屏蔽效能取决于屏蔽材料的特性和屏蔽层的端接方式。

　　当为屏蔽层提供端接时，重要的是使这种端接能为噪声电流提供低阻抗的路径。屏蔽层的端接方式可分成两类：软辫线端接和360°的屏蔽层端接（有时称为 RF 后壳端接）。360°的屏蔽层端接可提供低阻抗的路径，并保持屏蔽层端接外壳或连接器时屏蔽的完整性。所以，多数屏蔽层的端接采用这种方式。由于在 RF 情况下，软辫线的电感将变得非常大使得电缆屏蔽层的屏蔽效能可以忽略不计，因此几乎不采用软辫线端接屏蔽层的方式。然而，如果软辫线端接是不可避免的话，那么就要设法使软辫线尽可能短。图 8.16 给出了软辫线端接和 RF 后壳端接的例子。

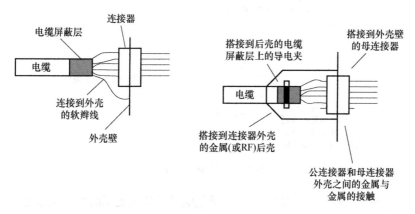

图 8.16　软辫线端接和 RF 后壳端接

　　图 8.17 给出了屏蔽层端接方法的优先采用顺序。电缆屏蔽和屏蔽层端接的有关特殊要求可参考美国 NASA 的手册 NHB 5300.4

(3G). 3 – 24。作为通用的规则，电缆屏蔽层应在两端都接地。此外，电缆屏蔽层也不应有意载送电流。这个规则的例外情况是同轴电缆，它的外屏蔽层是作为电流的返回路径。同轴电缆只适用于传输最低频率大约 100kHz 以上的信号。

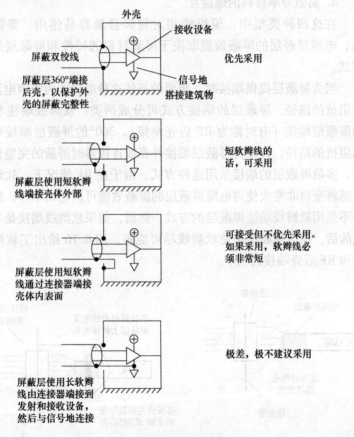

图 8.17　屏蔽线的端接

　　在有些应用中，需要使用双屏蔽电缆以防止无用的电磁能量进入电路。图 8.18 给出了双屏蔽电缆如何接地的示例。对于某些低频高负载阻抗电路，屏蔽层在两端接地会使屏蔽层上的低频噪声电流耦合到电路中。图 8.19 给出了一种可能解决这种问题的示例。

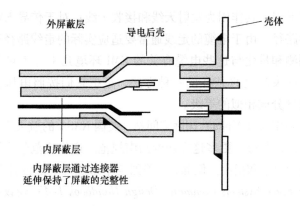

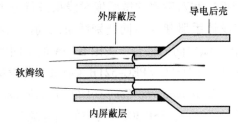

图 8.18　双屏蔽电缆的端接

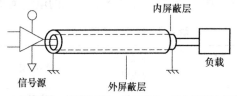

内外屏蔽层一端接地而另一端不接地。两个屏蔽层在直流时是相互隔离的。高频时，内外屏蔽层之间的电容使得屏蔽层仿佛在两端都是电气接地的。这能有效地防止高频辐射场的产生

图 8.19　低频，高阻抗电路的屏蔽示例

8.2.11　电缆和导线的分类

在所有的航天器和有效载荷上普遍都使用电源电缆和信号电缆。

对于辐射 EMI，其作用为发射天线和接收天线；对于传导 EMI，其作用为传导路径。由于电缆的走线通常要适应实际的走线路径和设备位置，要预测和量化与这些电缆有关的 EMI 环境几乎是不可能的。控制电缆和线束产生的 EMI 的一种方法，是把它们按照电压、频率和敏感度电平分成相似的等级。

通过阿尔法（Alpha）国际空间站、美国 NASA 的航天飞机及美国军方的实践，获得了更多这方面的指南规范。这些规范包含了线束分类和间隔的要求和指南。例如，《美国空军系统司令部设计手册 1-4》（*U. S. Air Force Systems Command Design Handbook 1-4*）建议按照电源的类型（AC 或 DC）和对频率的敏感度对线束进行分类。同时，作为设计目标，该设计手册建议不同类别线束之间的最小间隔为 2in（51mm），以防止电缆之间的耦合。美国 NASA 的空间实验室有效载荷和空间站项目规范［MSFC-SPEC-521B《有效载荷设备和分系统的电磁兼容要求》（*Electromagnetic Compatibility Requirements on Payload Equipment and Subsystems*），SSP 30242《空间站电缆/导线设计和控制的电磁兼容要求》（*Space Station Cable/Wire Design and Control Requirements*）］给出了电缆分类和间隔距离的要求。对于不提供这类要求的项目，表 8.3 所示的要求可作为指导。不同类别的电缆和电缆束之间的间隔至少为 2in。图 8.20 给出了表 8.3 所示的电缆类型的示例。

表 8.3　推荐的电缆分类

信号类型，上升时间 t_r 和下降时间 t_f	电压或灵敏度电平	导线类型	电路类别
电源（AC，DC）	>6V	双绞型	类别 I
模拟信号 t_r 和 t_f > 10ms	<6V	双绞屏蔽	类别 II
模拟信号 t_r 和 t_f > 10ms	≤100mV	双绞双屏蔽	类别 III
模拟信号 t_r 和 t_f < 10ms	≤100mV	双绞双屏蔽	类别 IV
模拟信号 f > 100kHz，数字信号		双绞屏蔽，同轴线	类别 IV

将导线进行绞合可使导线的环路最小。这就使电路与周围的导线之间的感性耦合噪声减到最小。每英尺电缆的绞合数受到电缆尺寸的

限制；然而，每英尺绞合的数量越多，导线的环路就越小。由于电感电容的积 LC 是一个常数，因此这种绞合也会增加寄生电容。

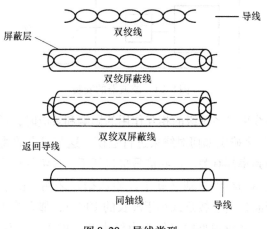

图 8.20 导线类型

8.3 滤波器的安装

对于沿着线束传导的电磁能量而产生的 EMC 问题，当所有试图解决这个问题的措施都已经被考虑和实施后，有时唯一可选择的方法是在线束上安装滤波器。由于滤波器的附加重量、成本和维修保养后能否重新安装的可能性，这都使得在汽车行业使用它们并不是优选的解决方案。但有时对于一些非常有限的应用或专门的车辆套装设备，它们也许是不错的选择。

在线束上安装滤波器的一个要点是，要将滤波器（或基于铁氧体的抑制元件，本章后面将讨论）靠近发射源安装，如图 8.21 所示。这将使电缆产生的辐射得到最大的抑制（由于产生辐射的电缆长度将变得最短）并因插入大阻抗而使 CM 电流减小。常常看到的是，许多其他类型的电子设备都使用了滤波器，如计算机设备和外围设备。在这些应用中，它们可能都是一种性价比较好的解决方案。这里讨论它们的应用只是从概念上提出来而已，但要指出如果适用时它们也可用在汽车上。

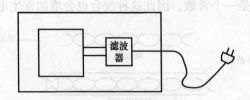

图 8.21　滤波器的安装

当考虑线束对系统级的相互作用的影响和效应时，可以使用一个"经验法则"来确定如何对线束进行建模。这与线束的物理属性及所关注的信号频率都有关。这些信号也包括不同量级的噪声。

可以使用的经验法则（基于经验数据）表明，由于线束的物理长度远小于波长（它接近或小于波长的 10%），那么等效的"集总元件"可以代入系统模型中以作为由线束产生的寄生元件，如图 8.22 所示。

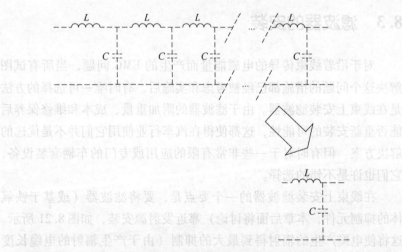

图 8.22　传输线的分布元件和等效的集总元件

这个模型也可以用来确定产生"串扰"问题的参数。

前面也已经讨论过传导发射对系统级 EMC 问题的影响。由于有时涉及的频率和与传导发射有关的线束，可能将传导问题转变为辐射发射问题，因此在很多问题中传导发射可能是不好处理的。一个传导发射转变为辐射发射的例子就是电子设备经过导线连接到电网上。图 8.23 给出了这种条件。

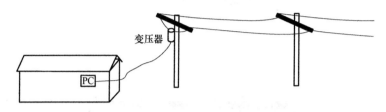

变压器

PC

图 8.23　电网可以将传导发射转变为辐射发射

这就是为什么许多电子设备要用电源线滤波器以便将设备到电源线的耦合减到最小的原因。否则，这些电源线实际上可能会变成大型"天线"而将设备内产生的传导发射以电磁能量的形式辐射出去。

有时线束中会有噪声电流流过。通过减小这种噪声电流，可以减小传导发射的发射量，从而也可能减小辐射发射的发射量。要减小噪声电流的唯一方式，就是在线束中加入一个高阻抗路径。同时，也希望没有连接这些附加元件的线束不会受到干扰。一种解决方式是，采用一种装置增加电路的阻抗以减小噪声，并且不会显著地影响有用信号。这些装置是用铁氧体材料制成的，外形呈珠状或钳形。这些装置的作用是对噪声呈现高阻抗路径而对有用信号的影响则很小。

图 8.24 给出了几种类型的铁氧体。商用的铁氧体具有各种不同的尺寸和阻抗值。

要强调的是，使用这些铁氧体装置时一定要接近发射源安装，这样便可将 CM 电流产生的辐射发射减到最小。当这些装置远离辐射源安装时，它们抑制发射的作用就会大打折扣。

衰减作用是由线路上的阻抗之和产生的。这些阻抗包括源阻抗、负载阻抗和附加的铁氧体装置的阻抗。衰减可用下式表示（单位为 dB）

插入损耗或衰减$(dB) = 20\lg\left[\left(Z_{源} + Z_{负载} + Z_{铁氧体}\right) / \left(Z_{源} + Z_{负载}\right)\right]$

例如，如果电路的负载阻抗和源阻抗都为 50Ω，铁氧体的阻抗为

图 8.24 铁氧体

100Ω，则衰减值为

$$衰减(dB) = 20lg[(50+50+100)/(50+50)] = 6dB$$

可以看出，当源阻抗和负载阻抗增加时，为了保持相同的衰减值，就必须增多铁氧体。因此，当源阻抗和负载阻抗的值都较小的情况下，上述方法才很有效。

铁氧体材料对于减小 DM 和 CM 电流可能是很有效的。正如在本书的其他章节所指出的，这种方法对于减小 CM 电流尤其重要，因为很小的 CM 电流就可以使系统产生很大的辐射发射。铁氧体也有助于减小电路中的 DM 电流，这种方法也许足以让设备满足产品要求或产品规范。铁氧体对产生辐射发射的 DM 电流的影响，对其他减小辐射发射的方法也有帮助，如减小电路的有效环路。这种方法前面的章节已讨论过。

但必须要考虑权衡的是，减小这些 DM 电流可能会导致功能性问题。在这些方面应用时，要对铁氧体的效果做出评估。要注意的另一个问题是，铁氧体在早期阶段就引入设计中是很有效的。在早期设计阶段，能够配置电路使其具有低阻抗，以便最佳地使用铁氧体。

从实用的角度来看，就关注的汽车系统而言，使用铁氧体装置安装在线束上以减小电流电平并不总是实际可行的。它们通常使用在部件级且位于部件自身内部。铁氧体不使用在线束上是因为其易碎且受到机械外力后容易损坏。另一方面，在车辆维修保养后，它们可能难以重新安装。但在其他类型的电子设备中，铁氧体仍发挥着重要的作用，特别是在计算机中，它们可能做成组件的一个部分，如图 8.25 所示。

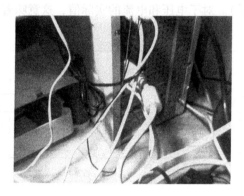

图 8.25　计算机电缆上的铁氧体

在汽车行业，铁氧体在 EMC 问题的辅助诊断过程中起着重要作用。

下面讨论关于传导抗扰度或传导瞬态的一个极端例子。这个极端的例子是一个实际的系统，在地面或这个系统与大气之间出现了极大的电动势。于是这个系统就有可能遭受雷击。雷击可以认为是传导瞬态的严酷情况，因为雷击会伴随着巨大的电流，它非常像普通的电弧放电，在放电的过程中系统里的一些元器件就会被损坏！本书作者之一就曾经历过这种现象。

8.4　线间耦合

在汽车行业存在着一种特殊条件，这是其他行业不常见的，就是广泛使用的大量的线束以连接多种部件。这些线束不仅要尽可能便宜，还要在极端环境应力下要尽可能结实。大多数的时候，对于汽车的 EMC，主要关注的是特定的部件而忽略了线束的影响。当下要研究的一个开放的领域就是系统之间能够允许的耦合量，如图 8.26 所示。这也许可从美国 NASA 相关项目所做的研究工作中获得一些指导。美国 NASA 的规范 SSP30242E 和 SSP30243 讨论了与串扰有关的衡量标准。让人对这些衡量标准感兴趣的是，美国 NASA 指出，具有潜在串扰的线束其隔离度必须大于 20dB（根据试验结果）或 34dB（根据分析结果）。对于电压和电流的实际值，这意味着什么呢？

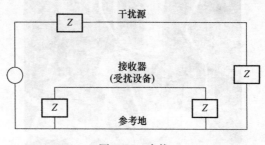

图 8.26 串扰

如果有两根互相平行的导线，导线 1 中的电流为 1A，根据美国 NASA 的要求，则在另外一根导线中感应的最大电流按照下式进行计算：

$$20\lg(I_2/I_1) \quad \text{且 } I_1 = 1A$$

通过求解 I_2，得出另一根导线中的感应电流应为 20mA，这个值是通过试验验证的方法得到的。如果这个值由分析确定，则 I_2 的最大值应比第一根导线中的 1A 电流低 34dB。

EMC 中的传统串扰工作，主要关注的是模型中三个基本组成部分之间的关系。既然产生串扰的条件是源（有时也称为发生器）、接收器（有时也称为受扰设备）和路径（产生耦合的）的互相作用，则这种串扰模型与基本的 EMC 模型相似。（有关串扰的深入研究，见本书参考文献中 Clayton Paul 博士所著的《*Introduction to EMC*》）。对于汽车系统，由于有时线束的长度是被耦合的噪声对应波长的一定比例，因此这种模型具有附加的复杂性。在这种条件下，需要使用分布元件参数模型（或传输线理论）。

理解导线环路产生的电感是非常的重要，知道此电感值可用于确定对系统的影响（很多人经常都忽略了这一点）。对于仅几微亨的电感，这是汽车线束的典型电感量值，脉动的直流电流就能产生几伏的电压。

8.5 接地和印制电路板布线

地的传统定义为"作为电路或系统参考的等电位点或等电位面"。但不幸的是，这个定义在地中有电流流过的情况下就没有意义了。即使在信号电流可以忽略的情况下，由于环境磁场或电场产生的感应电流也会引起地电位的变化。这强调了电流的流动及因此对低阻抗的需要，当涉及高频时这种条件就更为恰当。要重点记住的一点是，两个物理上分开的"地"点之间如有电流流过，则它们的电位并不相同。

精心安排地连接，将有助于减小在地阻抗上产生的噪声电压。但是，在任何重要的电路中，要想完全消除地环流是不切实际的。地设计的另外一个要点是，将地阻抗自身的值减到最小。

当频率大于几 kHz 时，地阻抗中占主导地位的是电感，对于给定的"闭合环路"几何结构，印制电路板（PCB）的印制线或导线的电感主要取决于其长度。例如，长 10cm 宽 0.5mm 的印制线呈现的电感约为 60nH，而长 2cm 的印制线的电感为 12nH。平行的印制线如果间隔距离足够大以消除互感的影响，则它们的电感将按比例减小。平行地线的逻辑延伸将使地布线形成网格结构。这大大地增加了地返回电流的可用路径的数量，因此对于任何给定的信号路径，都能够极大地减小地电感。当需要提供无限多的平行路径且接地导体连续时，这就称为地平面，这种情况就不能使用网格地。如果地路径不被其他的印制线截断，对于多层电路板，PCB 级的地平面则是很容易实现的，并且能提供最小的接地路径电感。需要注意的是，地平面并不是为了提供屏蔽而是为了提供小的高频地阻抗。

PCB 布线的重要规则是在关键印制线（发射或敏感节点）下的

地平面层上不能有中断，它们会改变返回电流流动的方向从而增加有效的环路面积（见图 8.27）；且这些印制线也不应位于地平面的边沿。因此，在开始布线之前，辨识出这些关键印制线是很有必要的。辨识准则包括它们工作频率的高低顺序、电流变化率 di/dt（对于发射）和带宽、阻抗及电平（对于模拟电路的抗扰度）或它们是否是锁存的（对于数字电路的抗扰度）。

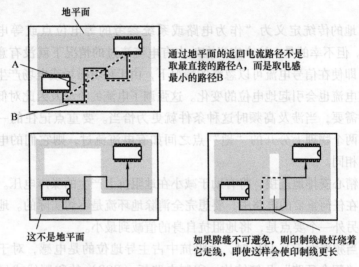

图 8.27 地平面

前面用了很大的篇幅讲述汽车系统中线束的影响。既然已讨论过了，那大家就应清楚为什么理解线束对汽车系统中 EMC 问题的影响是非常重要的。总之，这些原因如下：

- 早期的系统和车辆中需要互连的部件很少。
- 近些年来汽车系统中的线束日益复杂。
- 将来的若干年内线束仍会继续使用。
- 随着技术的发展，将来汽车中的电子部件和系统会大量地增加。

8.6 铁氧体

铁氧体为常用的磁心材料，其相对磁导率的范围为 40 ~ 10 000。

由于绕组间的电容的影响，所以要避免高频时使用多绕组的磁心。因此，这里仅考虑使用单匝线圈的铁氧体磁环。对于耦合到线缆上的能量的限制，磁环是非常有效的。铁氧体的一个实用性能是，在给定的拐点频率以上其阻抗是阻性的。这暗含着其可以通过发热的形式耗散耦合的能量，而不是通过反射。为了获得要求的阻抗，磁环的整体物理尺寸可以加长。这比增加磁环的外直径更为有效。

8.6.1　铁氧体环

大直径的铁氧体环（1～2in）常用在受试设备的外部，用来限制会引起辐射的 CM 电流。这些铁氧体环上常会绕上 3～10 圈导线以增加低频时的净阻抗。此外，绕组间的电容与电感并联，通过对电感进行分流限制了高频性能。

8.6.2　夹合式铁氧体

高频时，可接受的结果往往是使用单匝线圈的铁氧体。许多制造商已生产了塑料外壳包住的分裂式磁心可使铁氧体钳住电缆。对于同轴电缆、圆电缆及扁平电缆，都有商用的夹合式铁氧体。

对于中频及以上（300kHz 以上）情况，电缆的屏蔽理论与仪器类的屏蔽理论有很大的不同。屏蔽层不仅需要对地（在其两端）具有低的阻抗，而且需要为屏蔽层的内部电流与屏蔽层的外部电流提供物理上的隔离。屏蔽层作为存储 EMI 的"容器"；事实上，它是设备外壳的延伸。屏蔽层类似两个建筑物之间的一个隧道或封闭通道；其目的是通过两个建筑物之间的空间来保持和扩展两个建筑物的环境。电缆必须不发生电流泄漏和不允许两个隔离的环境出现混合。由于电缆屏蔽层内部的电流为受试设备产生的噪声，所以屏蔽层的终端必须防止这些电流找到一条路径泄漏到外部。一种 360°的外部端接能实现这种物理隔离。屏蔽材料的集肤深度（假设产生低的屏蔽层转移阻抗）可为电缆的屏蔽层提供这种隔离功能。

8.7 衰减非屏蔽电缆上的共模电流

如果使用电流探头，确定了一根非屏蔽电缆是辐射发射源，则必须衰减 EMI 对电缆的寄生耦合。电缆探头只能测到通过其"孔口"的净电流。若电缆设计得够好，则用电流探头是测不到有用信号的（信号线和返回线都通过探头孔口）。带内测得的导致出现辐射发射问题的任何传导发射，都是在电缆上无意出现的噪声电流。因此，应把它们从电缆上滤掉或移除，但采取的措施不应影响有用电流。能够实现这个目的的方法，是使用 RF 磁珠作为 CM 扼流器，以及使用线对地的电容（它们为不承载有用信号的电容）。

如果这些事后的补救方法都不奏效，就可能需要重新设计设备外壳上的电缆接口。一种补救的方法是对电缆进行屏蔽。另一种方法是确定 EMI 是如何耦合到电缆上的并且在电路级上实施隔离措施（对源的抑制）。这就可能会涉及重新设计 PCB 的布线或选用本质上能提供隔离作用的接口电路（光隔离器、耦合变压器等）。

8.8 较高频率的发射

当发射频率对应的波长接近受试设备的外壳尺寸时，设备外壳上的缝隙和孔径就要怀疑为是发射源。为了避免发生泄漏，通用的规则是要求缝隙和孔径长度应小于十分之一波长。

第9章 汽车电气和电子系统

9.1 汽车产生的辐射发射

作为辐射发射源，汽车系统可能会影响自身车载的电子部件或干扰路边邻近车辆或设备的电子系统，如电视、广播等。由于开关操作、逻辑门、脉宽调制（PWM）的控制信号等，有源电子设备在正常运行期间会产生辐射发射。甚至非固态的部件，如机械开关、扬声器（俗称喇叭）、继电器、其他感性装置和火花塞，也能产生辐射发射。这些装置中的很多在汽车工业的早期就已开始使用，但仍然要注意确保采取相应的措施以防止产生 EMC 问题。

汽车工业已将电气和电子系统产生的发射分为两类，分别为宽带（BB）和窄带（NB）。有几种方法可用来对这两种类型的发射进行区分。具体的区分方法，读者可查阅相关的文献。这种分类在不同的工业领域可能有所不同。

汽车工业采用了直接的方式对发射（也称为噪声）进行分类，分类如下：

如果发射是由"电弧"或"火花"产生的，那么就认为它是 BB 噪声。

这意味着所有其他设备产生的发射都被认为是 NB 噪声。

虽然这可能并不是最严格的分类方法，但是它符合实际情况且已很好地使用了多年。

BB 噪声，是一种其占用的频谱要比所用的接收机带宽更宽的发射。这意味着接收机的调谐范围不可能超出发射频谱，同时也不可能调谐到一个没有发射的频率。然而，对于窄带发射，有些频率可能为发射源的频率，而其他频率并不是噪声（发射源）的频率。通过观察图 9.1 所示的两种噪声，就可以明白上述描述与实际的物理现象是怎样相关联的。

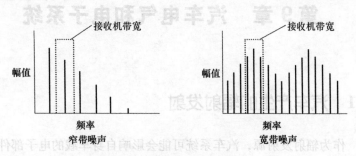

图 9.1　NB 噪声和 BB 噪声

　　假想一个滑动的接收机"窗口"定义了该接收机所"听到"的内容。在图 9.1 所示的 BB 噪声内移动这个窗口，就会明白，由于骚扰是作为时间的函数变化的，因此，通常在接收机的带宽内有很多的噪声发射。现在，如果接收机的窗口在 NB 噪声频谱内移动，那么就可能存在这样的情况，即没有噪声落在接收机的通带内。

9.2　与"选择性"有关的带宽

　　带宽（BW）是关于接收机的接收范围的。考虑如下当今所使用的不同音频带宽的例子。

- 电话音频电路的带宽为 3~6kHz。
- 典型 AM 广播接收机的带宽为 7~8kHz。
- 用于高保真声音传输的 FM 广播台的最大带宽为 100~150kHz。

　　图 9.2 给出了 AM 广播接收机接收几种 AM 广播信号之一时的带宽。可以看到，对于每个 AM 频率而言，接收机一次只接收一种信号。

　　如图 9.3 所示，如果接收机带宽很宽（即没有足够的选择性），那么临近频率有用信号也会进入接收机。

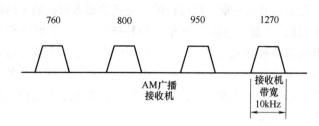

图 9.2 能选择所需电台的 AM 广播接收机

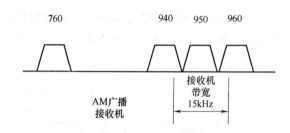

图 9.3 选择性不好会让邻近信号干扰有用信号

9.3 宽带噪声

9.3.1 电机噪声

很容易就能观察到，电机产生的 BB 噪声带来的影响。这样的例子在日常的生活中很多见，如家用吸尘器或搅拌器。产生噪声甚至不需要多大的功率。许多电池供电的"无电线"设备也能发出足够的能量以产生 BB 噪声。很多场合中都应用了不同类型的电机，当然，汽车各系统中也使用了很多电机。它们用于调节座椅、开关车窗、调整镜子，以及采暖通风空调运行和动力控制等。

除了电机自身产生的对外辐射能量外，电机噪声带来的另外一个问题是，电池给电机供电的电源线上的传导噪声也能产生辐射发射。由于所有的负载都是通过线束连接到公共的电池供电电源上，因此在汽车系统中这是一个问题。对于噪声能量，线束可看成是一条低阻抗的路径。正如本书其他章节所讨论的，电流会沿着阻抗最小的路径流动（对于直流，"最小电阻"只是一种特殊情况）。了解噪声电流沿着最小阻抗的路径流动这一原理，可以提高分析 EMC 问题的能力。当一台电机连接电源线时，除了作为电源输出和返回的路径外，电源线也会作为噪声电流的路径，或者基于所关注的频率和线束长度而成为一副有效的天线。

9.3.2　点火噪声

图 9.4 给出了一个典型的内燃机点火系统。类似的系统从汽车工业初期就开始使用，尽管这种技术的一些方面已经发生了改变，但基础的组件仍未发生变化。

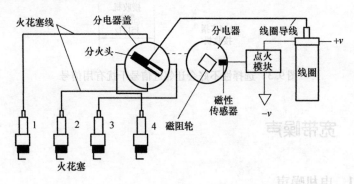

图 9.4　火花塞点火系统

为了产生火花，必须使用某些方法来存储能量。在这种系统中，感性元件（点火线圈）存储能量，然后在发动机运行的过程中在正确的时间点上释放这些能量。这个时序信息来自某些发动机的凸轮轴或曲轴的位置传感器。在早期的汽车系统中，位置信息是与某些点的开关直接相关，这些点的作用类似开关。对于火花塞点火的发动机下一个要求是使用这种能量产生火花。回顾有关电感的内容（见本书第 4 章），可以得到，电流的变化率会在电感上产生电压（在这种情况下主要是电流的变化）。计算公式为

$$V = -L \frac{\mathrm{d}I}{\mathrm{d}t} \tag{9.1}$$

式中，L 为电感（H）；dI 或 "ΔI" 为电流最大值与最小值的差值；dt 或 "Δt" 为电流从最大值变化到最小值（反之亦然）时所用的时间。

对于点火线圈，L 的典型值为 mH 级，总的电流变化为 5～10A，变化时间为几 ms。通过计算可知放电时产生的电压可达几十 kV，该电压可用来启动燃烧过程。当产生这种高压时，可通过分电器（一个高压开关）把它经过二次回路传输给火花塞的间隙，放电在该间隙产生。这就是噪声源。不管它们是怎样构成的，这是许多点火系统共有的问题；它们都会用到线圈、火花塞和控制主电流的方法。其他类型的点火系统，如并不常见的电容放电，其本质上也是实现同样的功能。

在早期的汽车中，实际上会发生两次火花放电，其中一次是在分电器上。分电器就是一个机械开关，用于将高压传输给对应的火花塞。另一次是在火花塞上。回顾一下前面的介绍，产生的噪声数值取决于线圈的 d$I/$dt，噪声的最大值出现在火花形成的初始区域（相关内容已在本书第 4 章讨论过）。

图 9.5 所示的点火噪声是频谱分析仪显示的点火系统产生的噪声曲线，能够看到这就是前面讨论过的宽带噪声的曲线。图 9.5. a 给出了作为时间函数的点火噪声。图 9.5. b 给出了一段时间内得到的相应曲线的包络。把频谱分析仪设置在 "峰值保持"（Peak Hold）模式，随着时间的变化，其幅值和特定的频率随之变化，屏幕上显示的是所有频率上噪声的包络。若时间足够长的话，显示的将是一条从起始频率到终止频率范围内的发射值的实线。

9.3.3 晶闸管整流器的噪声

另一个产生 BB 噪声的例子是含有晶闸管（SCR）整流器的设备。使用晶闸管整流器来控制交流设备的电压，意味着正弦波的波形会在某个点上被截短。通过这种方式，波形看起来像是方波的一部分且具有谐波分量（之前已讨论过）。当听 AM 广播时，若用白炽灯调光器控制同一个房间内的照明电路，那么就能收听到 BB 噪声。一些

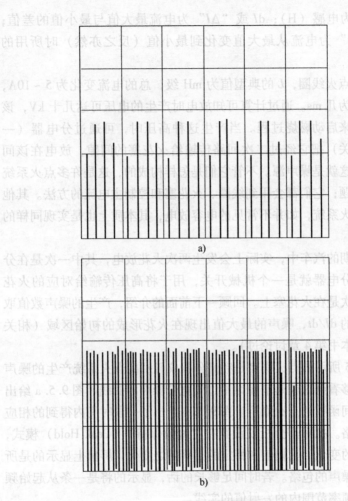

图 9.5 点火噪声时域与频域包络

a) 时域　b) 频域曲线包络

新式的灯光调光器中包含了线圈用来"抑制"房间线路上的噪声电流，如图 9.6 所示。

汽车系统一个重要特征是有大量的设备，它们自身产生噪声和在线束上产生噪声电流，这种噪声会被汽车辐射出去并可在一定的距离内被接收到。

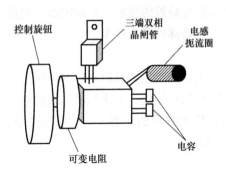

控制旋钮　　三端双相晶闸管　　电感扼流圈　　电容　　可变电阻

图 9.6　使用电感器抑制灯光调光器中的噪声

前面提过，电机产生的噪声为 BB 噪声。当它显示在频谱分析仪上时，在其分辨率带宽内会出现很多噪声脉冲。这些噪声脉冲的频率范围很宽。尽管该噪声中的很大部分是由电机的电刷产生的，但由于电流的转换，甚至是"无刷"电机也会产生噪声。电机噪声对汽车娱乐系统的影响取决于广播信号的调制类型。在 AM 广播中，收听到的噪声为"砰"或"喀哒"的声音。在 FM 广播中，噪声可能听起来不像噪声，但降低了广播的灵敏度。这种噪声降低了输入的信噪比（SNR）。降低的输入 SNR 将降低 AM 广播的输出 SNR。FM 广播可能在较高的输入信号电平时简单地保持"静音"，这将减少可能接收到的特定电台的范围。

BB 噪声的特点之一，是不可能调谐到噪声之外。这可以用 AM 广播和宽带发射源进行简单的演示。这些发射可由任何类型的高压放电设备（具有连续放电特性）产生，如霓虹灯、荧光灯或电机。把 AM 广播调谐到 AM 频段的某个台上，打开上述放电设备，然后注意所产生的干扰。在整段频段内对广播进行调谐，会注意在任何频率上噪声仍会出现。这种演示表明在整个频率范围内有着连续的能量发射。

9.3.4　宽带噪声源总结

总之，要认真考虑的是宽带（BB）噪声源及其特性。汽车内有许多产生 BB 噪声的系统和部件。其中一些部件和技术可追溯到汽车工业的初期，其他的是最近的技术。早期的部件包括火花塞、点火线圈、开关和电机。这些部件都会产生与之相关的 EMC（主要是 EMI）问题。

对于火花塞点火系统产生的发射，在部件级要比整车级更容易解决。例如，在 20 世纪 50 年代，火花塞产生的辐射发射电平就已得到降低，已实现与广播接收机的兼容，这些技术直到现在依然在使用（详见相关参考文献）。

9.4 窄带噪声

下面先回顾窄带（NB）噪声的特点。从前面的讨论中可知，当噪声的带宽小于受影响接收机的分辨率带宽时，则认为其为 NB。这意味着设备可能只有一个或几个频率产生的发射会干扰接收机。NB发射的特点是可观察到噪声的频率且噪声的幅值在整个时间段内是趋于稳定的。

9.4.1 微处理器和窄带噪声

下面讨论一个典型的微处理器源是怎样产生发射的，即微处理器工作时产生的基频谐波。如果进一步观察这些谐波，就会发现发射的出现是一个非常重复的模式。这个非常重复的模式出现在时钟频率的倍频上。这种类型发射的重要特点是，发射的频率是固定的，随着时间的变化幅值也是相对恒定的，不像 BB 发射，其频率和幅值都是变化的。由于这种发射的曲线看起来像一把反过来的梳子，因此它被称为"梳状"。

当今汽车上主要的 NB 发射源之一是微处理器。为了运行数字微处理器，就需要足够幅值的时钟信号和逻辑信号。其次，很多的汽车模块大量使用微处理器。再者，数字电路的设计人员都优先使用上升沿和下降沿短的脉冲，以尽可能减小时序的不确定度和减少设备的热耗散。如果看微处理器工作时产生的频谱含量，会发现它与图 9.7 所示的发射频谱相似，是在时钟基频的谐波频率上发射的。多数读者可能会想起方波中只有"奇次谐波",但这仅适用于占空比恰好为50%的信号,在真实世界中这几乎是不存在的。

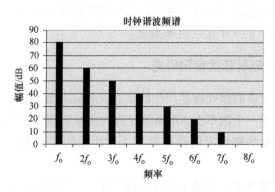

图9.7　微处理器产生的发射频谱

　　微处理器并不是唯一的NB发射源,许多其他设备,如功率晶体管、脉宽调制(PWM)的速度控制和开关管,都能产生NB发射。

　　前面已讨论过,火花塞点火的点火系统和电机是BB噪声源的典型例子。前面也给出微处理器系统产生NB噪声的示例。如果在一个开关逻辑电路源附近放置一个便携式的AM收音机,就能听到辐射发射对收音机接收的影响。在这种情况下,将使用一个新颖的装置(钥匙链)来显示这个过程。许多设备具有高速转换的数字逻辑电路。通过让该设备工作并放置在收音机的附近,将听到逻辑开关的影响。另一个潜在的发射源是"音乐贺卡",因为它们使用了类似的电子器件。如果这些贺卡中的一个放置在AM收音机附近,收音机就能拾取贺卡产生的发射,从而听到这种噪声的影响。

9.4.2　窄带干扰的产生

　　NB干扰的影响很容易演示。使用一台便携式FM广播接收机,将其调谐到FM频段的一个电台上。使用NB源(一个稳定的振荡器或一台RF信号发生器)在相同的频率上产生发射,如果这种噪声源发射的信号强度大于接收电台的信号强度,那么接收电台将会被噪声源的发射阻塞。应注意到,当这种特定的接收电台被阻塞时,广播似乎在所有其他台还是能正常工作的。由于除了这个特定的频率外，接收机和系统似乎都工作正常。从诊断过程的角度来说，这一点是非常容易混淆的。这也可以通过使用第二个调谐到低于第一台接收机接收频率 10.7MHz 的 FM 接收机来实现。

9.4.3　窄带辐射骚扰案例研究

目前对设备的微处理器产生的辐射发射应多么关注呢？

下面介绍一个汽车上 NB 辐射发射的实际案例。这个案例说明了当一个非预期的辐射发射落在汽车工作所用的某个频点上时会发生什么。

在这个案例中，问题出现在运输卡车上。用于与调度员进行通信的收发两用收音机使用的频率在 VHF 频段。由于汽车产生的辐射发射落在信道频率上，因此导致此广播无法使用。为了分析耦合给收音机的发射路径，需要进行一系列的试验。断开车辆给收音机的供电，改用电池供电，这样就可以确定噪声是否是沿着电源线或其他线束进行传导。通过断开收音机的天线电缆，这样就可以确定噪声是否是从发动机的控制系统辐射给了收音机天线。这个过程对于诊断汽车收音机的问题非常的有用。

在试过几种解决方案后，最终选择的方案是改变微处理器的时钟参考振荡器的频率。由于晶振的基频要倍频很多倍后才能产生 VHF 频段的谐波，因此基频上很小的变化就能对所关注的频率产生显著的变化。解决方案如图 9.8 和图 9.9 所示。如图 9.8 所示，通信频率上产生了发射，它导致问题的产生。图 9.9 所示的微调情况表明了基频频率发生非常小的变化后的影响，以及由于频率的倍频效应使所关注的频率上的发射如何移动到了另外一个频率上。

9.4.4　窄带噪声的影响

总之，NB 噪声源可能仅影响某些特定的频率，这导致很多时候接收机似乎是工作在正常状态。然而，通过获得设计或研发过程的早

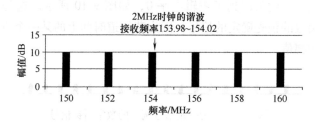

图 9.8　原始晶振产生的干扰

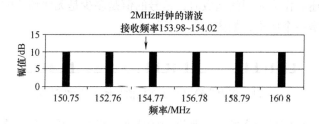

图 9.9　频率微调后的晶振消除了干扰

期数据，NB 噪声经常可在部件的设计过程中得到解决。通过选择"低噪声"的微处理器和设计电路时通过增加阻抗的方法，可使 NB 发射最小或为发射提供"旁路路径"。这样，就可使辐射发射出现的问题最少。

再重复一次，NB 噪声源有如下三个特点：

- NB 噪声可能仅影响某些特定频率。
- 存在 NB 噪声的情况下，接收机的功能好像几乎都是正常的。
- NB 噪声在部件的设计过程中就能得到解决。

9.5　信号特点

在数字电路和系统中能够碰到两种不同类型的信号。

第一种称为"确定的"，这种信号的特性是精确已知的。例如，正弦波和数字时钟信号，信号状态与时间之间是预先确定的。例如，在时刻 1 时，逻辑电平可能是 0，在时刻 2 时就变成了逻辑高电平，而在时刻 3 时就又回到了逻辑电平 0,如图 9.10 所示。这是一个作为时间函数的预先确定的信号,因为若知道时间上的某一个点就能知道信号的幅值。

图 9.10　作为确定信号例子的数字时钟信号

第二种称为非确定的或随机的,信号的特性未知,仅能通过统计进行描述。作为时间的函数时,信号的值是多少是无法预测的。数字信号就是一个例子,如图 9.11 所示。

图 9.11　作为非确定的或随机信号例子的数字信号

另一种信号分类的方法是周期的或非周期的。周期信号在时域是重复的,如时钟信号、方波或正弦波。非周期性信号在时域是不重复的。由于它们的总能量是有限的,因此被称为能量信号。

先回顾下方波信号的幅值与时间之间的关系。如图 9.12 所示,应注意到作为时间的函数,方波信号的幅值是恒定的,从零变化到最大值。这个基波信号的频率可表示为频率等于周期 T 的倒数。

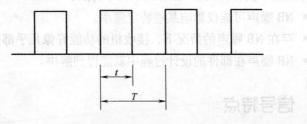

图 9.12　方波

对于"占空比为 50%"的方波,时间 T 对应的是周期,它等于时间 t(脉冲"通"的时间)的 2 倍。如果现在把平均幅值表示为最大幅值乘以信号处于最大幅值的时间除以总时间,那么其等于最大幅值除以2。对于占空比为50%的方波，其平均幅值等于最大幅值的1/2。

再进一步思考一下方波。理想的方波其上升时间和下降时间均为零。实际上，由于物理上的限制，信号的上升和下降都需要一定的时间。对于电压电平1，其从最小值增加到最大值是需要一定时间的，这被称为上升时间。相似的，还有一个特性参数称为下降时间。在实际的工业中，把上升时间表示为 t_r，下降时间表示为 t_f。关于这一点很明显的是，当涉及实际的部件时，由于逻辑状态的变化不是瞬时的，因此上升时间和下降时间都必须大于零。

与时钟信号有关的另外一个特性是占空比，它是指信号处于最大值的时间占整个周期 T 的比例。例如，占空比为50%的信号意味着，如果总周期为 T，那么信号"通"的时间 T_1 和"断"的时间 T_2 必须相等，它们的和必须等于 T。

使用函数发生器可进行方波谐波含量概念的简单演示。将发生器设置为方波输出，频率为200kHz（长波广播波段的较低端），让通信接收机接收200kHz的倍频信号。先将接收机设置在200kHz，同时函数发生器的输出设置为方波。然后将发生器的输出切换到正弦波，这时注意接收信号的不同。接下来，将接收机设置在400kHz，再把函数发生器切换到方波；注意接收到的信号，然后将函数发生器的输出改变为正弦波。当发生器输出方波时，接收机应收到通信信号。但当输出为正弦波时，400kHz上的谐波是不存在的。继续将接收机设置为后续的谐波（600kHz、800kHz等）。每次把发生器的输出从方波切换到正弦波时，注意观察接收到的信号。如果发生器准确地产生的是占空比为50%的信号，则每次接收机调谐到基频的奇次谐波时就会收到信号，该信号是方波的一个分量。同时，也要注意到，每次发生器设置为200kHz的正弦波时都不会接收到基频的任何倍频。这种方波和其谐波之间关系的演示，有助于读者理解逻辑装置产生的谐波发射。

9.6　两个"相同"部件之间辐射发射的差异

一个有趣的试验，记录了微处理器组件产生的发射。试验使用的是安装在电路板上的微处理器，其为受试设备。使用小环形天线测量受试设备产生的发射，如图 9.13 所示。

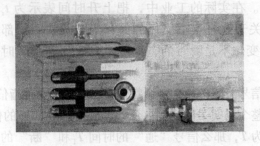

图 9.13　用于测量微处理器辐射发射的近场探头

图 9.14 给出了第一个微处理器的数据，横轴表示发射的频段，纵轴表示每个频率点的发射电平。

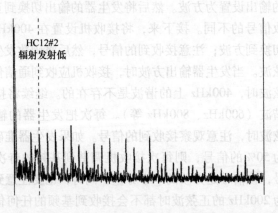

图 9.14　第一个微处理器产生的辐射发射

然后使用第二块板上的微处理器进行试验。测量数据如图 9.15

所示，横轴表示发射的频段，纵轴还是表示每个频率点的发射电平。应注意的是，每个频率的发射都是不同的。由于这些设备是相同的且从功能的角度来说是可互相替换的，因此这值得注意。但是应明白设备自身产生的辐射发射电平是不同的。

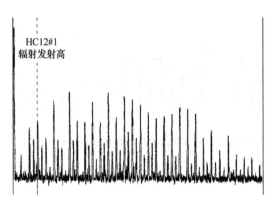

图 9.15 第二个微处理器产生的辐射发射

9.7 整车的辐射发射试验

如何将这种部件试验的结果转换为整车辐射发射的电平呢？图 9.16 给出了整车的试验布置，研究人员分别对该车辆中两个不同的微处理器进行了评估。这种试验使用频谱分析仪测量车辆产生的辐射发射。整车级产生的辐射发射和部件级产生的辐射发射之间具有很高的相关性。如图 9.17 和图 9.18 所示，部件级的 EMC 测量可用于在车辆的早期计划阶段标示出潜在的整车问题。

图 9.16 微处理器辐射发射的整车级评估

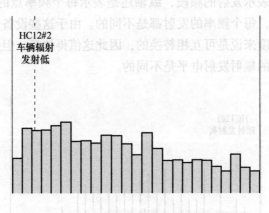

图 9.17　第一个微处理器在整车上的辐射发射

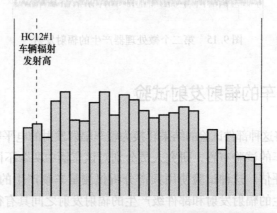

图 9.18　第二个微处理器在整车上的辐射发射

9.8　总结

总之，所得数据似乎可以表明，首先进行测量以确定部件的相关 EMC 性能，然后利用这些数据预测整车级的性能。这种工具可以在新部件的设计和研发过程中使用，以预测它们对整个系统级性能的预期贡献。

9.9 数字系统设计

实际系统设计时另外一个需要考虑的方面是，实现这些系统所必需的实际电子部件（如数字电路逻辑）的限制特性。对于实际系统，存在着要折中考虑的问题。复习数字系统设计及与信号相关内容，将会对读者很有帮助。

先回顾一下傅里叶级数的展开：

$$f(x) = \frac{a_0}{2} + \sum_{k=1}^{\infty} a_k \cos(kx) + b_k \sin(kx)$$

这个等式表明，从理论上来说级数中的谐波分量应到无穷大。很清楚的是，从实际系统的观点来说，信号扩展到无穷大是不可能的，这是因为实际能量的大小必须受到一定限制。

对谐波分量的能量频谱，通常关注两点：第一点是基频（称为 f_0）；第二点是系统的"带宽"。能量频谱的幅值每十倍频程（频率比为 10:1）近似减小 20dB。例如，如果基频为 2MHz，那么对于十倍频程，上限频率为 20MHz。

需要定义与数字系统有关的术语"带宽"。带宽由上升时间 t_r 决定。带宽的计算公式如下：

$$\mathrm{BW} = \frac{1}{\pi t_r}$$

从上式可看出，带宽与上升时间成反比。那么，当上升时间减小时，带宽就会增加。这个基本概念对于解决 EMC 问题是非常的重要。带宽点定义的频率为，在此频率能量的幅值从每十倍频程 20dB 的减小变化为每十倍频程 40dB 的减小。如图 9.19 所示，数据是通过调整数字设备的信号上升时间得到的。由于上升时间的减小，因此，对于给定的频谱部分，谐波的分量增加了。图 9.19 还给出了基频、带宽、信号上升时间及能量减小之间的关系。

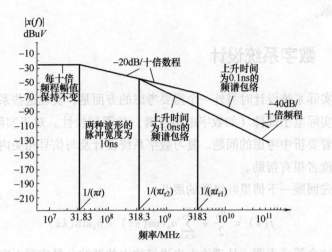

图 9.19 上升时间 t_r 分别为 1ns 和 0.1ns 时的频谱带宽

9.10 电磁环境

相对于早期汽车系统不存在的电磁环境（从数量级上来说），当今电磁环境中独有的是什么呢？答案就是密集和广泛使用的 RF 通信频谱。在陆地上能看到的类似图 9.20 ~ 图 9.23 所示的设备就是这种

图 9.20 天线 "基地"

答案的证据。这表明了当今运行的无线电业务有多种广播、蜂窝电话和个人通信系统、通信和寻呼通信。它们中的多数除了作为高场强电平的发射源，还需要多个工作频率，这就使汽车系统中潜在的 EMC 问题变得更加的复杂。特别是在主市区，场强电平可能足够的强从而会影响某些系统的运行，即这些系统设计或试验时不能对这些外部能量源具有一定的抗扰度。

图 9.21　蜂窝电话天线

图 9.22　微波中继塔

如果思考 EMC 学科的架构，就能明白辐射抗扰度属于 EMC 架构中的一部分。下面将讨论辐射抗扰度的相关方面、其特性，以及对于汽车系统的典型影响。

图 9.23　雷达设备

9.11　EMC 问题：对外部场的抗扰度

要实现对外部场的抗扰度，最重要的条件之一就是电子系统（特别是微处理器和复杂系统）能在不同的信号和数据情况下正常运行。这些信号中的多数为不同于"时钟"频率的运行，这些频率可能恰好位于射频通信的频率范围内，这可能会导致系统对外界能量源产生无用的响应，从而代替了实际中要使用的有用信号和数据。如果看看 RF 频谱，就能理解这是怎样发生的。图 9.24 和图 9.25 给出了多种使用不同频率的系统和业务，可以很容易地理解系统是怎样对外部的能量源产生响应的。因此，解决抗扰度问题的实质是理解电子系统和环境之间的兼容性。

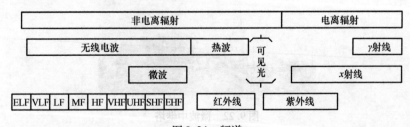

图 9.24　频谱

下面的一些案例研究表明了汽车系统是怎样受到外部射频能量源的影响。

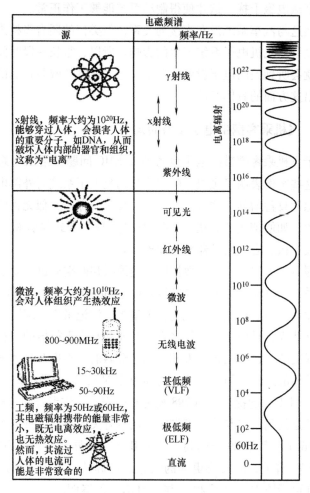

图 9.25　频率分配

9.11.1　汽车防抱死系统的案例

在应用汽车防抱死系统（ABS）的早期，配备了 ABS 的德国梅赛德斯-奔驰汽车在德国的某一段高速公路上行驶时出现了严重的制动问题。当司机在高速的弯道路段进行制动时，制动系统受到了附近广播发射机的影响。当时给出的短期解决方案，是在沿途安装金属屏蔽网以衰减电磁干扰。这才使得制动系统能够工作正常。

虽然这与汽车系统没有直接的关系，但类似的还有飞机乘客携带的电子设备对飞机电子系统产生的影响。所以，很长一段时间人们在登机后就会听到关闭电子设备的要求。这些设备的威胁是真的吗？下面就给出这方面的具体案例。

9.11.2 飞机乘客携带电子设备的案例

关于飞机乘客携带的电子设备造成 EMC 问题可给出一系列历史案例。这些案例表明了飞机上的现代自动化电子系统对外部电磁干扰源的敏感性日益增强。这种外部电磁干扰是由那些看似无害的电子设备产生的，如便携式计算机、AM-FM "随身" 卡式录音机、口述录音机、收音机、心脏监护器和移动电话。

美国 NASA 建立了一个数据库，美国联邦航空局也建立了航空安全报告系统（ASRS），由美国巴特尔（Battelle）实验室负责管理，该数据库和航空安全报告系统包含了很多详细记录安全问题的自愿性报告。这些报告是由飞行了很多不同商业和私人飞行器的飞行员或工作人员提交的。这些报告的大部分都是匿名的，不提及具体的飞行器型号和具体的运营公司。目前（写本书之时），这个数据库包含了从 1986 年 1 月 1 日起提交的 46798 份完整的报告。作者查阅 ASRS 的数据库目的是找到所有与乘客携带电子设备有关的案例。查询到的相关结果为 56 个，其中 29 个明确了是 EMI 产生的异常问题。另外 12 个可能和 EMI 有关，但需要更多的信息进行确认。表 9.1 通过受影响的设备和可疑原因给出了 29 个与 EMI 有关的案例。

表 9.1 飞行员和工作人员报告的由乘客携带的电子设备产生的 EMI 问题

受扰设备			
可疑原因	导航辅助设备	通信	甚高频全向信标（VOR）	总计
蜂窝电话	4	1	3	8
笔记本式计算机	3	0	2	5
收音机	3	1	0	4

（续）

	受 扰 设 备			
可疑原因	导航辅助设备	通信	甚高频全向信标（VOR）	总计
电子游戏机	1	0	2	3
CD 播放器	0	1	1	2
磁带放音机	2	0	0	2
AM/FM 录音机	0	0	1	1
AM/FM 随身听	0	0	1	1
口述录音机	0	0	1	1
心脏监护器	0	1	0	2
电视	1	0	0	0
总计	14	4	11	29

　　由于汽车具有点火和发动机控制系统，也能得到一些关于发动机和对 RF 能量抗扰度的记录。据报道，美国某短波广播电台引起了下一小节介绍的发动机的失效案例。

9.11.3　F-16 战斗机飞行控制的案例

　　由于一架 F-16 喷气式战斗机的电传飞行控制系统对发射机的高强度辐射场（HIRF）很敏感，其坠毁在了美国某短波广播电台广播发射机附近。由于该型 F-16 战斗机是静不稳定设计的，飞行员必须依靠飞控系统计算机来驾驶飞机。所以，后来对相应型号的 F-16 战斗机进行了整改，以避免这种类型的 EMI 问题。这类问题是由军用规范对这类特定的电子系统的要求不够充分导致的。这个案例是美国联邦航空管理局制定 HIRF 认证程序的原因之一。

9.11.4　小型飞艇的案例

　　另外一个美国某短波广播电台发射机案例，涉及的是一架飞越美国北克罗莱纳州格林维尔市的小型飞艇。当其飞到广播电台发射机附近时，飞艇的两个发动机突然失效。飞艇上的工作人员按照紧急程序在没有动力的情况下成功着陆。调查发现点火系统失效的原因是因为受到了很严重的 EMI。后来，飞艇都配备了能防护高频发射的点火系统。

9.11.5　波音 747 飞机的自动测向仪的案例

波音的一名员工与该事件有关。在试验过程中，当自动测向仪（ADF）系统工作时，波音 747 飞机的通信接收机不能进行音频接收。调查表明，由于 ADF 的天线线缆与其他线束的隔离度不够，导致了线与线之间的耦合问题。

9.11.6　苏联北莫尔斯克弹药库爆炸的案例

1984 年 5 月中旬，苏联北莫尔斯克（Severmorsk）的一个弹药库发生爆炸。苏联给出本次事故的原因是超视距雷达照射了该弹药库。

9.11.7　旋风战斗机的案例

1984 年，另外一个某短波广播电台高强度辐射场事件，发生在德国慕尼黑附近。一架西德的旋风战斗机飞行时过于接近大功率的广播电台发射机而坠毁。

9.11.8　利比亚空袭的案例

1986 年，在美国空军袭击利比亚的过程中，几枚导弹在袭击指定目标时失效且 F-111 战斗机坠毁。美国空军官员认为这起事故是由美国飞机发射装置之间的互相干扰造成的。

9.11.9　防抱死系统

飞机和汽车上早期的 ABS 对 EMI 都很敏感。当 EMI 破坏了 ABS，就会制动功能异常而发生事故。对于飞机，最初的解决方法是当受到 EMI 导致 ABS 不能正常工作时，提供一个手动开关以锁止 ABS 功能，改用正常的制动系统。后来，解决方法是在飞行前基于预期的电磁环境对 ABS 进行合格与否的确认。对于汽车系统，解决方法是当出现 EMI 时 ABS 能够完全降级为正常的制动功能，这实际上就是飞机手动开关的汽车版本。最终，汽车 ABS 在采购前要进行 EMI 试验以确认是否合格。

9.11.10　电子燃油喷射系统

在 20 世纪 70 年代早期，一家汽车制造商引入了一种新型的燃油喷射系统，该系统对 150MHz 左右的 RF 非常的敏感。RF 干扰会引起此系统的失效，即该电子燃油喷射系统会将在所有缸内同时喷射燃油，而不是按照控制顺序向各缸喷射燃油。

9.11.11　飞机

很显然，对于飞机来说，蜂窝电话、计算机、收音机、电子游戏机的运行频率通常是这类 EMI 问题的罪魁祸首。许多航空公司都明令禁止或限制使用这些设备。美国航空无线电技术委员会（RTCA）的一个特别调查报告指出，某随身携带的电子设备的运行频率恰好落在飞机的一个特定系统的运行频率范围内，该设备的最大辐射可能指向一个附近用于导航和通信天线的窗口，从而拾取了该设备的辐射发射。一个特别有趣的案例来自于美国 ASRS 的研究，一名大型飞机的飞行员利用一名乘客和他的笔记本计算机进行了一个实验。飞行员让乘客在不同时段不断开启和关闭计算机，同时监测对飞机甚高频全向信标（VOR）的影响。飞行员得出结论，计算机影响飞行设备是非常明显的。

下面介绍一个非常著名的并未纳入美国 ASRS 数据库的 EMI 案例。1993 年 2 月，某民航飞机上的 DC-10 机载自动飞行系统，在着陆时受到了头等舱乘客使用的电池供电 CD 播放器的影响。为了防止突然偏离跑道导致事故，飞行员立刻手动接管了飞机。

9.11.12　医疗设备

很多现代医疗设备都受到了 EMI 问题的影响。从 1979 年到 1993 年，美国 FDA 收到了该领域超过 90 例的 EMI 问题的报告。Silverberg 在其文章中指出，用户经历的医疗设备性能降低事件可能都没有怀疑是 EMI。因此，和其他设备的 EMI 问题相比，美国 FDA 可能低估了医疗设备的 EMI 问题。

应指出的是，美国 FDA 的数据和美国 FAA 的飞机数据一样，都表明了蜂窝电话经常是 EMI 的罪魁祸首。它们干扰了恒温箱、输液泵和控制器、透析设备和除颤器及飞行系统的运行。美国芝加哥的一家大型医院和印第安纳州的一家大型康复中心禁止使用蜂窝电话。欧洲的一些医院也禁止使用这些蜂窝电话。据报道，采用了欧洲新GSM 标准的蜂窝电话在 30m 的距离都会对助听器产生听得见的干扰。

下面介绍几个值得注意的医疗设备的案例。

9.11.13 会讲话的脑电图机

这个案例是 EMI 影响了手术植入探头的正确测试，该探头用来监测病人脑活动中的特定部分。探头直接与大脑接触，在脑电图机上测量任意两点之间的电位。脑电图机给手术中的外科医生提供重要的反馈。这种特定的 EMI 在脑电图机的模拟绘图针上表现为一个很容易识别成讲话的调制信号——因此变成了会讲话的脑电图机！这种EMI 产生的噪声非常严重以至于它完全掩盖了脑电图信号，使得脑电图机在手术期间完全失效。干扰信号来自于一个当地的 AM 电台，在手术过程中，噪声是由脑电图机和手术台之间的共阻抗耦合产生的。将脑电图机和手术台进行搭接处理后消除了 EMI，脑电图机恢复了重要的脑监测功能。

9.11.14 救护车的心脏监护系统

医疗设备对传导发射和辐射发射的敏感度值得关注。在此案例中，一名 93 岁心脏病发作的患者被送到了医院，医护人员给患者连接了心脏监护系统（心电监测和除颤）。由于医护人员每次打开无线电发射机寻求医疗指导时心脏监护系统都会关闭，结果导致患者死亡。随后的调查表明，由于救护车的车顶从金属材质换成了玻璃钢材质且安装了一幅长距离的无线电天线，因此心脏监护系统暴露在了非常强的辐射发射中。屏蔽效能的降低及过强的无电线辐射信号对此重要的设备产生了 EMI。

9.11.15 失控的轮椅

由于有报道说电轮椅存在不正常、非预期的移动，因此引起了美国 FDA 的注意。例如，轮椅突然启动，从而撞到路边的护栏或桥墩。产生这种移动的原因是在其附近使用了警用、消防用或民用频段的发射机。尽管没有报告过严重的伤害，但美国 FDA 还是命令电机驱动的轮椅制造商要针对 EMI 进行屏蔽，同时对用户进行培训以了解潜在 EMI 危害。

9.12 低成本的屏蔽方法

消除外部能量对电子设备影响用什么方法呢？有一些方法可以使用，不幸的是，这些方法很多都需要额外的研发时间或重新对产品进行设计。但是对于严格的汽车系统开发流程来说，多数情况下这是不可能的。一种可行的方法是在设备外部增加屏蔽以减小设备自身接收的 RF 能量。在这种情况中，如果 RF 发射机是干扰源，它们产生的场强通常用 V/m 表示，那么这意味着需要对电场能量进行屏蔽。一种非常有效的屏蔽体是铝制薄片，有时甚至可以使用用于食物存储的铝箔。

下面用一个简单的示例说明这类纠正措施能够防护 EMI。同时，下面还会用这个示例来讨论抗扰度。这个示例中的设备如图 9.26 所示。设备是一台 CD 播放器（用来代表一台复杂的电子设备）、外置扬声器（用于识别播放器的运行状态）和一台 VHF/UHF 发射机。下面介绍该试验过程。CD 播放器播放光碟，发射机频率设置在大约 150MHz。然后让发射机靠近播放器，大约距离 6～9in 时播放器出现故障。当把发射机的频率设置在大约 450MHz 时，播放器也同样停止工作。

然后使用一层铝箔作为屏蔽层包裹播放器，如图 9.27 和图 9.28 所示。这种屏蔽层在 150MHz 时是有效的，但在 450MHz 时是无效的。这种现象的原因随后讨论。该结果表明需要理解每个 EMC 问题的解决方案，它们仅能解决不同频率的 EMC 问题。

图 9.26　发射机干扰 CD 播放器

图 9.27　准备屏蔽包裹 CD 播放器

　　另一个案例研究的是安装了对讲机的汽车，当汽车发动时变速器好像出现了问题。汽车被返还给销售商几次，销售商每次都不能完全找到出现故障的原因。销售商最后决定更换变速器（一种非常昂贵的解决办法！）。更换变速器的解决方案被确认后，汽车被送到了对讲机商店以拆除对讲机。在接下来的几天，车主发现汽车没有任何故障了。然后，这让车主意识到是对讲机影响了变速器。重新安装了对讲机，问题再次出现。当销售商检查汽车的过程中，注意到发动机的

图 9.28 包裹在屏蔽层中的 CD 播放器

计算机装在一个塑料盒子中。当计算机安装在另外一辆车的金属盒子中，使用收发两用的对讲机时，车辆的工作没有问题。出现这种问题可能是因节约成本所致，设计人员认为塑料盒子可以满足计算机的所有性能要求——除了 EMC！

9.13　抗扰度的 EMC 设计

有一些与设计相关的方法可用来增强汽车电子部件和系统的抗扰特性。其中很多方法对部件的功能和性能的影响很小；然而，应注意到，对于效益的最大化和成本的最小化，它们在设计阶段就需要进行考虑。这些设计方法中的一些的优点是，当在产品研发阶段的后期出现 EMI 问题时它们可能会得到解决。

这些设计方法的特点总结如下：

* 在敏感的输入、输出线上增加串联电感。

【原因】增加电感可对 RF 能量进行足够的衰减，以防止出现抗扰度问题。使用的电感量要小，不应影响部件的功能。

* 增加并联电容进行 RF 分流以远离敏感线路。

【原因】增加并联电容能够为 RF 能量建立一条较低阻抗的路径，这样可以防止能量干扰敏感的电子设备。由于这些电容是与线路并联的，因此它们常被包含在电路中。

- 电路间的缓冲或隔离。

【原因】这有助于消除由于 RF 能量进入系统后产生的任何电流回路。

- 一条设计准则是，当需要处理数据时仅利用系统的最小增益带宽（尽管设备已经设计完成之后，这实施起来很困难）。

【原因】当使用高增益带宽时，这可能会使噪声（通常是高频）很容易地进入系统并产生问题。

- 对电路增加局部屏蔽。

【原因】尽管这种方案可能成本很高且不能完全有效地解决问题（就像前面在 CD 播放器案例中讨论过的），但其能够消除进入电路的能量。这种屏蔽层可能会脱落或不能再次进行安装，或者会受到损坏。

9.13.1　部件的选择

对于任何电气设计，基本的构成部分之一就是部件的选择。对于 EMC 来说，部件的选择跟性能的选择是同等重要的，除了宽带视频和使用晶振的电路外，模拟电路通常比数字电路的噪声更小一些。由于数字电路是噪声源，本小节的重点是介绍如何选择数字部件来抑制 EMI。选择具有低噪声特性数字部件的最重要方面是能量的变化率。噪声源电路会在受扰电路上产生噪声电压：

$$V = -M\frac{\mathrm{d}I}{\mathrm{d}t}$$

式中，M 为两个电路之间的互感且这种耦合本质上是磁耦合。

或者有

$$V = C\frac{\mathrm{d}V}{\mathrm{d}t}$$

式中，C 为两个电路之间的电容且这种耦合本质上是电耦合。互感 M 取决于源和受扰电路的电流环路、方位、间隔距离和电路位于地上的高度。源和受扰电路的电流环路之间的关系类似变压器的一次绕组和二次绕组（见图 9.29）。电容 C 取决于导体之间的距离、相关的有效区域和受扰电路对地的阻抗 Z。源和受扰导体形成了一个平行板电容

（见图 9.30）。

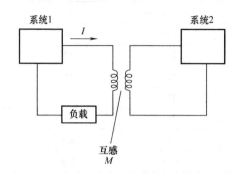

图 9.29 通过互感的噪声耦合

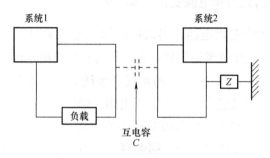

图 9.30 通过电感应的噪声耦合

9.13.2 逻辑系列和电压变化率 dV/dt

表 9.2 给出了不同数字系列的上升时间和电压变化率 dV/dt。上升时间越快，电压的变化越大，则 dV/dt 也越大。使用可实现预期功能的最慢的上升时间能够减小噪声耦合的量。使用较慢上升时间的另外一个原因是要限制数字信号的高频谐波。由于印制电路板（PCB）上的印制线能作为天线，在较高的频率时会辐射噪声，因此限制数字信号中无用的谐波可以避免这些高频谐波的辐射。9.9 节讲述了时域信号到频域信号的变换及较慢的转换时间和较慢的重复率是如何减少或消除高频谐波的。

表 9.2　不同逻辑系列的上升时间和电压变化率

逻辑系列	上升时间/ns	电压变化/V	$dV/dt/(V/ns)$
CMOS 5V	100	5	0.5
CMOS 12V	25	12	0.48
CMOS 15V	50	15	0.30
HCMOS	10	5	0.5
TTL	10	3	0.3
ECL 10k	2	0.8	0.4
ECL 100k	0.75	0.8	1.1

9.13.3　逻辑系列和电流变化率 dI/dt

由于芯片中逻辑电路输出级的叠加（见图 9.31），当逻辑切换时，晶体管的关闭通常要比导通慢，并且在转换的过程从 V_{cc} 能拉出很大的瞬态电流。这会在 V_{cc} 的走线和地线上产生瞬态。应注意到，TTL 电路的输出级包含了一个限流电阻。CMOS 电路没有限流电阻，因此要比 TTL 电路产生更大的电流（dI/dt 有时高达 5000A/s）。限制这些浪涌的一种方法是使用去耦电容。去耦电容跨接在 V_{cc} 和地之间（见图 9.32）。当芯片切换时，其能提供需要的瞬态电流。记住如下

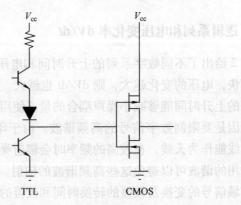

图 9.31　逻辑输出驱动器

这一点非常重要：电容的引线要尽可能短以减小寄生电感，且安装时要靠近被去耦的芯片以减小环路。

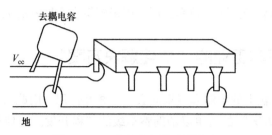

图 9.32　V_{cc} 和地之间的去耦电容

9.14　抗扰度门限

使用手持发射机是一种很好确定电子设备抗扰度特性的方法，通过该方法，能够计算发射机的近似场强，利用这个场强值可确定设备抗扰度的近似绝对值和需要提高的相对值。

手持发射机的近似场强值可通过如下公式进行计算：

$$E = 5.5\sqrt{P/d}$$

式中，E 为场强（V/m）；P 为功率（W）；d 为距发射机的距离（m）。

理解这一点很重要，即对于大多数的情况，这意味着受试设备处于近场环境中。同时，也应记住电场的绝对值会随着发射机使用的天线类型而变化。例如，手持发射机常用的柔性天线无论在哪儿都会有 3 ~ 10dB 的传输损耗。这就意味着场强将会减小。

在大多数情况下，消费类设备抗扰度的场强大约为 3 ~ 10V/m。这正好是手持发射机能够产生的场强范围。这意味着如果抗扰度电平为 5V/m，则可近似计算产生问题的距离为 $d = \sqrt{P}$（基于 $5 = 5.5\sqrt{P/d}$）。

确定各种解决方案和整改措施有效性的过程，通常是根据受试设备到发射机的距离和估算可能产生的场强来找到失效的门限值的。在整改完成后，使用同样的过程可确定失效门限提高的量值。从前面的章节知道，可以用 dB 为单位表示失效门限提高的绝对值。这个过程可以很好地用来对连接到受试设备的不同线束进行试验，以及用于确定线缆的屏蔽效能（见本书8.2.10节）。

另外，研究还发现很多抗扰度问题都出现在大约150MHz。手持发射机很容易产生这个频率，可以用来模拟真实世界的威胁。

9.15　汽车工业的"最佳解决方案"

由于车辆上的电缆和线束间会产生相互作用，因此已形成了一个"最佳解决方案"的清单以辅助整车级的工程开发。当使用这些最佳解决方案时，关键是要理解它们并不总是适用于所有情况的。重要的是，要理解每个解决方案背后的基本原理，以及明白特定解决方案应用于特定情况时的可行性。下面的清单并没包括所有线束的最佳解决方案，它只是一些重要的解决方案以帮助读者理解自己所在的组织单位可能遇到的类似问题。

表9.3给出了一些线束的最佳解决方案。

表9.3　线束的最佳解决方案

解 决 方 案	原　　理
线束的布线要远离点火系统、二次侧线束和火花塞	噪声可能通过电场进行耦合
天线电缆、扬声器线束、收音机电源线和其他汽车线束不能捆扎在一起	噪声可能通过磁场进行耦合

9.16　点火系统

9.16.1　火花塞

虽然火花塞上串接一个电阻抑制器件来抑制无用振荡是一个合理的方法，但由于火花放电的容性元件峰值能量的减小，很容易理解这可能会降低点火系统的效率。大量的试验已表明，电阻抑制器件的阻值高达150 000Ω，要比抑制系统内使用的大很多倍，但这基本上不会影响转矩、燃油经济性或功率输出。图9.33给出了三种火花塞情况下燃油消耗和制动功率（马力）的比值。第一种情况是没有电阻抑制器，第二种的电阻抑制器为 10 000Ω，第三种的电阻抑制器为 20 000Ω。

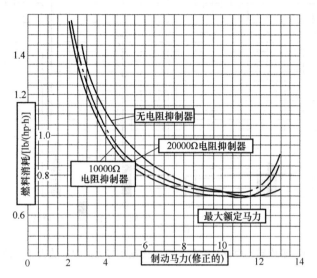

图 9.33　电阻抑制器对发动机性能的影响

　　另一个有关电阻抑制器的误解是，它们加重了冷启动的问题。美国信号（U. S. Signal）公司工程实验室严格控制的试验结果表明，在 −34℉时，较冷的抑制器对于冷启动没有任何的阻碍，事实上在某些情况下几乎可以立即启动；没有抑制器的相同发动机要在启动几分钟后才正常工作。表面上看，和容性元件相比，点火放电中的感性元件更可能影响非常冷的混合物的燃烧；由于感性器件和安装的电阻抑制器一样，表现为持续的电流流动，因此同非常瞬时的火花中较高的热能相比，总火花能量较小但其时间较长似乎对于点燃冷气体更为有效。这些实验室的试验结果如图 9.34 所示。

　　具有抑制器的火花塞非预期的一个优点是，火花隙的增加远小于同类型不带抑制器的火花塞。几个不同的发动机在节气门全开且以不同速度连续运行的条件下的试验表明，具有 10 000Ω 抑制器的火花塞其火花隙的增加率大约为标准火花塞的一半。这些试验的结果如图 9.35 所示。

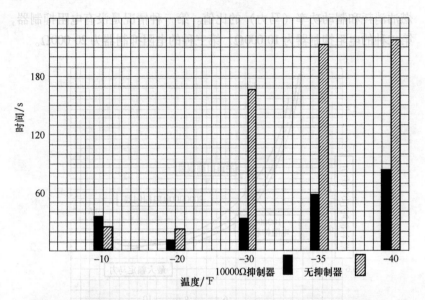

图 9.34 平均启动时间；有抑制器的火花塞与无抑制器的火花塞的对比

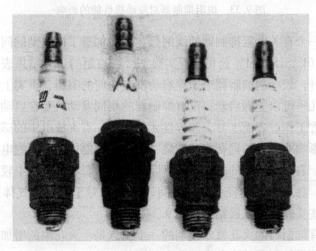

图 9.35 标准的和具有集成抑制器的火花塞，以及标准火花塞上增加的间隙
（火花隙）（从左至右，第 1 个为标准型，222h；第 2 个为具有集成抑制器的
"A" 品牌产品，529h；最右两个为具有集成抑制器的 "C" 品牌产品，529h）

对于所有的战斗车辆、柴油发电机和其他发动机驱动设备，需要配备集成抑制器的火花塞，如图 9.36 所示。在这种火花塞中内置了阻性抑制元件。以这种方式使用抑制元件的优点如下：

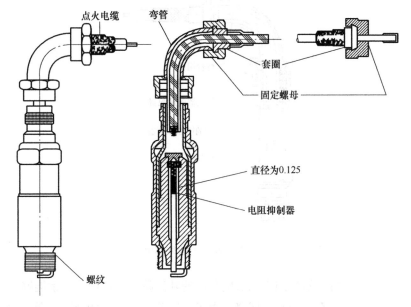

图 9.36　具有集成抑制器的火花塞

由于在抑制器的"热"端没有任何长度的高压电缆暴露，因此具有集成抑制器的火花塞能在抑制器和火花隙之间提供很好的抑制效果，当使用外置抑制器时会辐射相当大的干扰，就需要这种高程度的抑制。

由于不需要独立的抑制器，就简化了采购问题。

维护人员不能有意或无意的遗漏掉抑制器。

虽然优先使用具有集成抑制器的火花塞，但对于火花塞没有得到足够抑制情况，可对火花塞使用一个外置的阻性抑制器以解决 RF 干扰问题。外置电阻抑制器的安装如图 9.37 所示。

尽管具有集成抑制器的火花塞能够成功地减小火花放电中感性元件产生的点火干扰，但并不能完全地消除。此外，尽管已经减少了峰

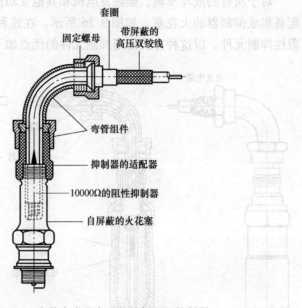

图 9.37 安装在火花塞上的外部电阻抑制器

值能量，但容性器件用于二次电路中的陡波瞬态。这两个因素能够完全地屏蔽点火系统中高压回路。由于自屏蔽火花塞可能会减小泄漏的电磁干扰电流，因此可优先使用。

除了行政车辆以外，美国陆军采购的所有设备都应使用屏蔽火花塞。对于当前几乎所有的点火系统，屏蔽火花塞都很容易能购买到。

9.16.2 分电器

分电器从本质上说是开关设备。在分电器中，分火头将从线圈收到的能量分配给不同的火花塞。

分电器有两种功能，都会成为严重的 RF 干扰源：开关功能会产生瞬态或变化的电流状态，在开关的过程中分火头和电极之间会产生电弧。

推荐的电容安装方式是，将电容安装在外部，从线圈端子到电容的引线要尽可能短。

从线圈到分电器的引线位于高压回路里，必须进行屏蔽。分电器和火花塞上电阻抑制器的安装中，对这种引线使用编织线屏蔽层就足够了。

正如以上的讨论，优选的安装方式是将线圈和分电器整合到一个腔体中。在电池供电线上使用穿心电容。分电器和线圈之间的引线被完整地包裹在屏蔽层中，就没必要再使用编织线屏蔽层。这种系统包含了推荐的干扰抑制解决方案，此外，它也使互连线束最短、泄漏最小。

9.16.3　点火线束

点火线束就其本身来说并不是干扰源，但是它们能作为其他干扰源向外产生辐射的手段。由于火花塞、分电器和断电器触点的动作，点火系统中的互连线束会出现陡的瞬态；尽管这些元件可能已经进行了很好的屏蔽，但互连线束仍能辐射干扰。因此，要注意抑制互连线束上产生的干扰及元件自身产生的干扰。

点火线束可分为两类：高压线束和低压线束。高压线束包括从线圈到分电器的引线和从分电器到火花塞的引线。低压线束包括电池和断电器触点到线圈的引线。由于会涉及较高的电压和较陡的瞬态，二次电路中的高压线束更为重要。在二次电路中，通过安装电阻抑制器可减小这些瞬态。然而，对于高压线束，需要一定程度的屏蔽以阻止干扰的辐射。

对于高压点火线束的屏蔽，采用的屏蔽体是不同的，有屏蔽效能相对较差的覆盖面积小且松散的编织线，两层或三层编织线或完全实心壁的导管。对于导管，通过增加壁的厚度，可以将屏蔽效能提高到任何需要的水平。屏蔽的程度取决于需要抑制的干扰量值。

柔软的屏蔽导管覆盖的面积大，对于阻止点火线束产生的干扰辐射非常有效。这种导管由金属条制成，它们被绕成螺旋管或相邻金属条嵌锁的其他螺旋体。在它们的接缝处进行焊接或在匝与匝之间进行滑移。为了获得更好的屏蔽效果，应使用一层或多层的编织线。

柔软的屏蔽导管也有其缺点，这导致其使用得很少。其缺点如下：

- 这种导管成本高。
- 要使用相当多的重要的紫铜、黄铜和青铜。
- 制造时机械工具的加工设备使用较多。

二次电路中电阻抑制器的增加，减缓了陡的瞬态，这使得能够用镀锡铜的编织屏蔽线替代柔性导管屏蔽层。这种镀锡铜的编织屏蔽线成本不高，使用的重要材料较少，生产和维护时不需要投入太多的精力。图 9.38 给出了用于高压点火电缆的镀锡铜的编织屏蔽线的结构。

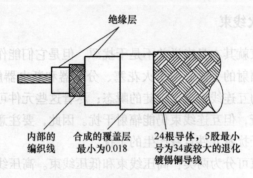

绝缘层

内部的
编织线

合成的覆盖层
最小为0.018

24根导体，5股最小
号为34或较大的退化
镀锡铜导线

图 9.38　屏蔽的高压点火电缆

第 10 章　汽车系统的 EMC 法规

10.1　概述

本章是"既有好消息又有坏消息"的一章！好消息是指，不像许多其他的消费类电子设备由政府法规进行管理，汽车系统在很大程度上则并不直接由政府法规进行管理。坏消息是指这个行业（特别是美国汽车业）有责任进行"自律"以维护其相对无须法规进行管理的状态！即使是有适用的政府法规的国家，尽管消费者也许对产品严重不满意，但通常只要满足法规规定的限值就行。

10.2　辐射发射要求

时至今日，对于很多其他消费类电子产品需要满足的辐射发射要求，汽车工业则是豁免的。如果有的国家对辐射发射有法规要求，那么需要理解这些法规中对汽车系统和部件的具体要求是什么。除了立法（或政府）要求以外，主机厂也有自己的要求。几乎每个主机厂都对汽车上的部件或系统产生的辐射发射进行了规定。政府的要求（由相应的标准规定）或消费者推动下提出的辐射发射要求，有时也适用于车辆上的某些系统。

10.3　政府要求

对于发射频率和发射电平，每个国家规定的要求是不同的。美国联邦通信委员会（FCC）负责建立电子设备的辐射发射要求并实施。这些要求包含在工程和技术办公室编制的委员会规则中，编号为联邦

规则和法规的第 47 篇（Title 47）。第 47 篇的第 15 部分（Part 15），
包含了无线电频率发射的内容。FCC 定义无线电发射频率的范围为
9kHz~3000GHz。第 15 部分本身是用来控制设备中的无意辐射体
（认为是附带的）和有意辐射体产生的发射，这些发射可能产生有害
干扰。第 15 部分中适用于车辆的章节如图 10.1 所示。

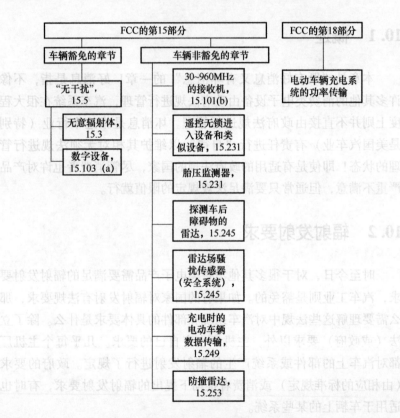

图 10.1　适用于车辆的美国 FCC 第 47 篇

如图 10.1 所示，车辆上的无意辐射体在第 15 部分中通常是豁免
的。这些无意辐射体是指发动机控制器和其他系统的组成部分。各类
的有意辐射体，如低功率的发射机，属于第 15 部分要求的范围，被
称为"非豁免"的设备。由于当电动汽车连接到充电装置上时，汽

车系统就成了电网的一部分，因此对电动汽车的唯一要求为第 18 部分（Part 18）。

10.4　美国 FCC 的第 15 部分

在 20 世纪 70 年代，数字电子设备有了飞跃式的发展。1979 年，FCC 发布了时钟速度大于 9kHz 的数字设备产生的辐射发射规则。对于当今在市场上销售的任何数字设备（9kHz 要比当今数字装置使用的时钟速度慢好几个数量级），它们都必须同时满足 FCC 的传导发射和辐射发射要求。根据这些设备的预期工作环境，把它们分为 A 类（商业环境）和 B 类（居住环境）。对于辐射发射要求，B 类设备的要比 A 类设备的更为严格。例如，家里使用或安装的计算机，不应干扰邻居家的收音机或电视机的接收，就是很好的例子。

在居住环境中，计算机和广播接收机彼此间的摆放距离可能要比商业环境更近，因此对其要求更为严格。辐射发射的频率范围要求为30MHz～40GHz，如图 10.2 所示。

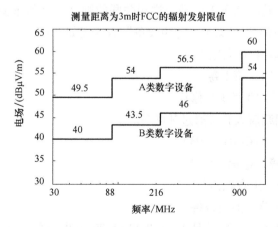

图 10.2　换算到 3m 测量距离时 FCC 的第 15 部分中 A 类和
B 类的辐射发射要求

除了辐射发射，对于传导发射也有同样的要求。传导发射规定的频率范围为 450kHz～30MHz。FCC 规定了传导发射和辐射发射的试验方法。具体的试验步骤见 FCC 的第 15 部分。

FCC 法规中的另外一种分类是将设备分为"无意发射设备"和"有意发射设备"。

第 15 部分的 A 部分为"整体概述",讨论了第 15 部分的目的及包括了哪些类型的设备。B 部分则指出了无意的能量辐射体。这意味着辐射是设备工作时产生的副产物,而不是设备的主要功能。例如,由于计算机的目的就是用作计算机而不是发射机,因此计算机产生的发射为无意发射。相似的,由于辐射是火花塞点火系统的副产品,因此汽车的点火系统也应是无意发射体。第 15 部分的 C 部分包括了作为射频能量源的"有意"辐射体。这些有意辐射体包括的设备有,蜂窝电话、遥控无钥匙进入发射机、无线胎压发射机和其他类似装置,因为这些装置的目的是发射 RF 能量以传递信息。对于无意辐射体,应指出的是,在过去的几年中,为了应对电子设备时钟速度的增加,所以提出了控制高频谐波的要求。

尽管第 15 部分对汽车系统有很多的豁免条款,但对于理解它的基本目的及其与汽车工业是怎样相关联的则是非常的重要。在第 15 部分的 15.103 节定义了"豁免设备"且表述如下:

[美国联邦法规编码]

[第 47 篇,第 I 卷]

[2001 年 10 月 1 日修订]

由美国政府颁布并通过其可获取

[摘自:47CFR15.103]

第 47 篇　电信委员会

B 部分　无意辐射体

15.103 节　豁免设备

以下设备仅需要满足 15.5 节和 15.29 节提出的整体工作条件,对于本部分包含的特定技术标准和其他要求则是豁免的。如果 FCC 或其代表机构发现豁免设备引起了有害的干扰,则操作人员应停止操作该设备。直到引起有害干扰的问题被解决之后才可继续使用该设备。尽管没有强制要求，但仍强烈建议豁免设备的制造商应尽力使设备满足本部分的特定技术标准。

（a）专门用在包括机动车和飞机的任何交通运输工具中的数字设备。

（b）专门用作公用事业或工厂的电子控制系统或电源系统的数字设备。公用事业某种程度上仅指位于专用建筑物内或由公共事业租用或拥有的大楼内的设备，但不包括安装在用户设施内的设备。

（c）专门用作工业、商业或医疗试验设备的数字设备。

（d）专门用在某个器具中的数字设备，如微波炉、洗碗机、干衣机、空调（中央式或窗式）等。

（e）不管是病人家里使用的还是健康护理机构专用的医疗数字设备（通常是在有照的健康护理实习生的指导下或监管下使用）。非专用的医疗设备，即通过零售渠道卖给公众使用的设备，是不能豁免的。这种豁免也不适用于数据记录的数字设备或任何不直接与医疗设备相连的数字设备。

（f）消耗功率不大于 6nW 的数字设备。

（g）操作杆操控器或类似设备，如鼠标，其与数字设备一起使用但仅包含非数字电路或包含将信号转换成要求格式的简单电路（如模拟信号与数字信号之间转换的集成电路）。这些设备被认为是附加设备，它们自身不直接满足技术标准或设备的授权要求。

（h）产生的最高频率和所用的最高频率不大于 1.705MHz 的运行时不使用交流电源线或与交流电源线相连但运行时具有前提条件的数字设备。以下这些数字设备不在豁免范围内，其包括或准备使用等效电池，交流适配器或电池充电器，当充电或与交流电源线不直接连接但通过其他设备连接到交流电源线时其能正常工作。

（i）责任方应注意到除非设备中所有装置都满足豁免的准则，否则包含多个装置的设备要满足本部分中的技术标准。如果设备中仅有一个装置可以获得豁免，则设备的其余部分仍要满足所适用的法规。如果一个装置具有多种功能且这些功能都不满足豁免的准则，那么该装置不能获得豁免。

因此，能够看出专门用在运输车辆中且不会用于车辆外其他地方的数字设备，如发动机控制单元，FCC 的第 15 部分要求的测量和文件都是可以豁免的。然而，用在机动车上并有意辐射射频信号的其他设备，如遥控无钥匙进入系统、安全系统、胎压监测器或类似装置都应按照 FCC 的第 15 部分进行测量并提供要求的文件，因为它们都是有意的 RF 能量发射机。按照 FCC 的第 15 部分，其他的工业领域也有豁免要求，详见 15.103 节。

对于汽车工业来说，按照 FCC 的第 15 部分，某些设备是可以豁免的，这似乎是很好的消息。但其实不是这样的，因为很多主机厂有更严格的自我强制的要求以满足消费者的期望。如果制造商仅让数字设备的发射电平满足 FCC 给出的限值，那么汽车的发射将会导致客户使用娱乐系统、蜂窝电话和其他电子设备时感到不满意。讽刺的是，很多电磁兼容课程、研讨会和设计技术都是讲述如何进行设计以满足 FCC 的第 15 部分。虽然这看起来对汽车工业很有帮助，但事实上，汽车环境是要求最高的环境之一，实际使用中的汽车上的设备产生的发射必须比 FCC 的第 15 部分的要求低几十个 dB 才行！对于汽车系统而言，在大多数情况下仅满足第 15 部分是不行的。

关于 FCC 的第 15 部分的特定解释，本书的作者之一曾有机会跟 FCC 的工作人员私下讨论过。FCC 的工作人员解释，判断相关设备是否属于第 15 部分的适用范围的最好方式，是先列出豁免的设备，然后剩余的就是非豁免的设备。FCC 特别指出，由于点火系统不是有意产生 RF 能量且它发射的 RF 能量是其运行过程当中的副产品，因此其就是一个无意的辐射体。然而，由于没有特定的标准，无意的辐射体属于非干扰设备，这就意味着如果某设备引起了有害干扰，就会要求停止该设备的运行。再者，专门用在运输车辆上的数字设备本身对于技术标准是豁免的，因此也是属于非干扰设备。FCC 的工作人员也明确表示汽车上的其他设备则是属于 FCC 的第 15 部分的范围。底线是如果某个设备为无意辐射体且使用在车辆上，那么这台设备在第 15 部分是豁免的。如果某个装置是有意辐射体，那么它一定属于第 15 部分规定的范围。

另外一个方面，FCC 的工作人员解释，FCC 要求的单位为 μV/m，试验图形（或曲线）上要求的单位为 dBμV/m（换算方式见本书的其他章节）。

FCC 的第 15 部分法规对发射测量的频率上限有不同的要求。对于发射测量，要求了五种不同的测量频率范围。频率范围的上限从对应甚低频源（大约 1MHz）的 30MHz 到对于高频设备的五次谐波或 40GHz（取两者中小的）。这五种频率范围的详细信息见表 10.1。

表 10.1　辐射发射测量的频率范围

时 钟 频 率	测量的上限频率
< 1.705MHz	< 30MHz
1.705 ~ 108MHz	1000MHz
108 ~ 500MHz	2000MHz
500 ~ 1000MHz	5000MHz
> 1000MHz	5 次谐波或 40GHz（取两者中的小者）

理解第 15 部分要求有所不同的另外一个重要方面是，A 类设备和 B 类设备测量距离的不同。前面讨论过 A 类设备和 B 类设备之间的区别是预期工作环境不同，A 类设备工作在商业环境，而 B 类设备工作在居住环境。在不同的距离测量，这些设备产生的发射是合理的，这代表了不同环境中设备的工作。这就是为什么 A 类设备的测量距离为 10m，而 B 类设备的测量距离要求为 3m。这样做是有道理的，因为 A 类设备使用在商业环境中，在商业环境中数字设备和可能会受到干扰的接收机之间会有较高等级的隔离。B 类设备使用在居住环境中，因此其距离受扰的接收机更近，如放置在一个房间中的计算机，其距隔壁房间的收音机很近。

下面讨论图 10.2 所示的每类设备在低频端（接近 30MHz）的发射限值。如果将测量距离归一化到 3m，B 类设备的限值比 A 类设备的限值低 9.5dB。这种归一化的条件是在远场状态，即场强的衰减与距源的距离成反比。这种关系表示如下：

新的场强/原始距离 = 原始场强/新的距离

例如，10m 测量距离时的 30V/m = 20m 测量距离时的 15V/m。

下面再看频率近似为 1GHz（实际上为 960MHz）时，B 类设备的限值与 A 类设备的限值之差大约为 6dB，如果回顾一下在其他章节中所讲过的，就会意识到 6dB 的差值实际上表示的是 A 类设备的场强要求是 B 类设备场强要求的 2 倍。

总之，不同国家的法规对发射有不同的要求。美国 FCC 负责和全权控制辐射骚扰。其他国家（如拿大）和其他地区（如欧洲），强制实施的是不同的法规和标准。认识到这一点是很重要的，对于销售到世界不同国家和地区的产品，没有统一的辐射发射标准。制造商的义务（经常转嫁给汽车系统供应商）是要符合特定地方的要求。除了辐射发射，传导发射也有相应的要求。

应注意到，第 15 部分对于机动车的要求并不是很严格。但要强调的是，同许多消费类设备相比，汽车系统和部件彼此距离太近，因此要求低的辐射骚扰电平。

许多汽车制造商部件级的辐射发射内部规范要比国家规范或 FCC 的第 15 部分严格大约 10 ~ 30dB！这是因为，管理机构要保护隔壁邻居免受你家计算机的干扰。使用车辆时，必须保护的是汽车各系统免受计算机的干扰。当遇到干扰时，也许会像在家里使用计算机一样，使得车辆上的设备不能关闭。

图 10.3 所示为部件的典型辐射发射试验布置。从这种特定的布置可知，不管是汽车、消费品、计算机或无线设备，这种试验布置对于所有辐射发射试验本质上都是一个标准样式。如图 10.3 所示，受试设备放置在试验暗室的某个位置，接收天线则面对其放置。

接收天线的位置距暗室地面或墙壁为某一标准距离。天线与某些类型的频谱分析仪或电磁干扰接收机相连接以测量受试设备产生的发射。通常要在暗室的墙壁上贴装吸波材料以吸收反射。这种暗室称为电波暗室。有时试验也会在混响室内进行。补充说明：混响室中通常测量的场强值要比电波暗室大，因为能量会从一个表面反射到另外一个表面，最终才由混响室内的天线接收到。这意味着测量可能更接近背景噪声。

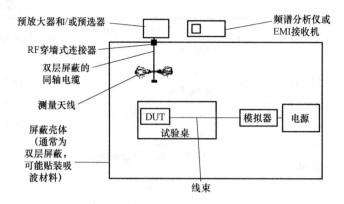

图 10.3 部件的典型辐射发射试验布置

　　下面给出一个 FCC 的第 15 部分中有关信息的例子，即美国对某些频率允许的发射电平及这些频率对应的业务。例如，表 10.2 所示的频率表介绍了 50MHz 附近时允许使用的频率、最大场强、测量方法和第 15 部分中适用的章节。

　　对于表 10.2 所示的 46~50MHz 左右的频段，FCC 分配了许多频率的业务，如无绳电话和婴儿监视器。同时，也应指出的是表中的发射电平是在距天线某一距离上的最大值，FCC 的第 15 部分努力保护用户的频率，即将这些频率上的发射值限制到某一电平。这实质上是第 15 部分努力想做到的，但这对汽车工业来说不是特别重要。

表 10.2 FCC 50MHz 附近的频率表

	任何业务	3m 时允许的最大发射电平为 100μV/m	Q	15.209 节
44.49~46.6MHz	任何业务	3m 时允许的最大发射电平为 100μV/m	Q	15.209 节
46.6~46.98MHz	无绳电话	3m 时允许的最大发射电平为 10000μV/m	A	15.233 节
	任何业务	3m 时允许的最大发射电平为 100μV/m	Q	15.209 节

（续）

46.98 ~ 48.75MHz	任何业务	3m 时允许的最大发射电平为 100μV/m	Q	15.209 节
48.75 ~ 49.51MHz	无绳电话	3m 时允许的最大发射电平为 10000μV/m	A	15.233 节
	任何业务	3m 时允许的最大发射电平为 100μV/m	Q	15.209 节
49.51 ~ 49.66MHz	任何业务	3m 时允许的最大发射电平为 100μV/m	Q	15.209 节
49.66 ~ 49.82MHz	无绳电话	3m 时允许的最大发射电平为 10000μV/m	A	15.233 节
	任何业务	3m 时允许的最大发射电平为 100μV/m	Q	15.209 节
49.82 ~ 49.9MHz	任何业务	3m 时允许的最大发射电平为 10000μV/m	A	15.235 节
	无绳电话	3m 时允许的最大发射电平为 10000μV/m	A	15.233 节
49.9 ~ 50MHz	无绳电话	3m 时允许的最大发射电平为 10000μV/m	A	15.233
	任何业务	3m 时允许的最大发射电平为 100μV/m	Q	15.209
50 ~ 54MHz	任何业务	3m 时允许的最大发射电平为 100μV/m	Q	15.209 节
54 ~ 70MHz	非居住的周界防范系统	3m 时允许的最大发射电平为 100μV/m	Q	15.209 节
70 ~ 72MHz	间歇控制信号	3m 时允许的最大发射电平为 1250μV/m	A 或 Q	15.231 节
	周期发射	3m 时允许的最大发射电平为 500μV/m	A 或 Q	15.231 节

（续）

	非居住的周界防范系统	3m 时允许的最大发射电平为 100μV/m	Q	15.209 节
72～73MHz	听觉辅助装置	3m 时允许的最大发射电平为 80 000μV/m	A	15.237 节
	间歇控制信号	3m 时允许的最大发射电平为 1 250μV/m	A 或 Q	15.231 节
	周期发射	3m 时允许的最大发射电平为 500μV/m	A 或 Q	15.231 节
	任何业务	3m 时允许的最大发射电平为 100μV/m	Q	15.209 节

10.5　微伏/米和瓦

　　瓦（W）通常作为单位用来表征发射机产生的功率量值。微伏/米（μV/m）通常作为单位用来表征发射机在运行过程中产生的电场强度。

　　一个具有恒定功率的特定发射机，除了其他因素以外，产生的场强取决于传输线的类型及与其相连接的天线。由于对其他授权的无线电通信产生干扰的是电场，且特定的电场强度不能直接与发射机的给定功率电平相对应，所以第 15 部分用场强规定了发射限值。

　　尽管功率和场强之间的精确关系取决于很多附加的因素，但下面的常用公式可用于近似表达它们之间的关系：

$$\frac{PG}{4\pi d^2} = \frac{E^2}{120\pi\Omega}$$

式中，P 为发射功率（W）；G 为发射天线相对于各向同性源的数值增益；d 为天线的电气中心到辐射源的距离（m）；E 为场强（V/m）。

　　$4\pi d^2$ 是以辐射源为中心的球的表面积，其表面到辐射源的距离为 d。120π 是自由空间的波阻抗的值，波阻抗的单位为 Ω。

使用上述公式，假设天线的增益为 1 （即 $G=1$） 及测量距离 $d=3m$，由给定场强计算功率的公式如下：

$$P = 0.3E^2$$

式中，P 为发射机的功率（W），为等效全向辐射功率（EIRP）；E 为场强（V/m）。

第 11 章　汽车系统的电瞬态

11.1　背景信息

在指定的环境条件下，对汽车系统运行，有着严格的性能要求，期望车辆能够无故障地运行很多年。同时，也期望这些汽车系统价格低廉且容易组装到汽车上。这些系统使用了在其他行业应用中不大会用在一起的电气、电动机械和电子部件技术。对于某些装置，高压和大电流的组合要求，如果不采取预防措施进行隔离，那么就会影响其他装置的低电平信号特性和电源特性。

汽车系统的电瞬态，对于汽车系统设计人员来说是最具挑战性的方面之一。这是因为设计人员无法通过长期积累的方式获取足够的信息从而避免非预期的条件。本章将讨论一些基础知识，可考虑使用它们以尽可能地减少与瞬态条件有关的问题。

11.2　汽车电瞬态环境概述

研究表明，车辆上产生的电瞬态幅值能达到供电电压（电源电压通常为直流 13V 左右）的 5 ~ 10 倍。当车辆使用更高的电压系统时（如目前正在形成的 42V 系统），这个问题会更加严重。随着预期使用的机电执行器数量的日益增加，更应考虑电瞬态的问题。

对于车辆电瞬态的表征，需要考虑几个方面：首先是电瞬态的持续时间；其次是波形特征；第三是电瞬态的能量大小。不同的波形可能具有相似的电压特性，但能量大小可能不同。最后考虑的是，在车辆运行的过程中，电瞬态出现的频次。最严重的电瞬态，是由感性负载的切换产生的，其出现的频次很高。这些电瞬态会在邻近的线束中产生电压或电流。研究表明这些产生的电瞬态的电压可以高达几百伏。

11.3　部件的选择

　　部件是任何电气设计的基础。选择部件时考虑其 EMC 特性和预期功能是同样重要的。除了宽带视频和使用振荡器的电路，模拟电路通常要比数字电路的噪声小。由于数字电路的噪声通常较大，因此本部分着重讲述数字部件的选择以抑制电磁干扰。选择具有低噪声特性数字部件的最重要问题是能量的变化率。噪声源电路在受扰电路上产生的噪声电压为

$$V = -M\frac{\mathrm{d}I}{\mathrm{d}t} \tag{11.1}$$

式中，M 为两个电路之间的互感且此耦合为磁场耦合，如图 11.1 所示。

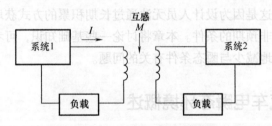

图 11.1　主要通过磁场的噪声耦合

　　或者有

$$V = C\frac{\mathrm{d}V}{\mathrm{d}t} \tag{11.2}$$

式中，C 为两个电路之间的电容。这种耦合本质上为电场耦合，如图 11.2所示。互感 M 取决于噪声源电路和受扰电路的电流环路面积、两个环路之间的相对方向、间隔距离及电路位于接地平面上的高度。噪声电流环路和受扰电流电路类似变压器的一次绕组和二次绕组。电容 C 取决于导体之间的距离、相关的有效面积和受扰电路的对地阻

抗 Z。噪声源导体和受扰电路导体之间形成了一个平行板电容器。

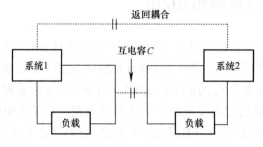

图 11.2　主要通过电场的噪声耦合

11.4　逻辑系列和 dV/dt

表 11.1 给出了不同系列逻辑电路的上升时间和电压变化率 dV/dt。上升时间越快且电压变化越大，则 dV/dt 就越大。使用最慢的上升时间实现需要的功能，可减小噪声耦合的量值。使用上升时间较慢的另一个原因是，可以限制数字信号的高频谐波，从而减小辐射发射。

由于印制电路板上的印制线可作为天线，高频时会辐射噪声，因此限制数字信号中不需要的谐波能够防止这些高频谐波的辐射。

表 11.1　不同系列逻辑电路的上升时间和电压变化率

逻辑系列	上升时间/ns	电压变化/V	dV/dt/(V/ns)
CMOS 5V	100	5	0.5
CMOS 12V	25	12	0.48
CMOS 15V	50	15	0.30
HCMOS	10	5	0.5
TTL	10	3	0.3
ECL 10k	2	0.8	0.4
ECL 100k	0.75	0.8	1.1

11.5　逻辑系列和 *dI/dt*

由于芯片中逻辑电路输出级的叠加（见图 11.3），当逻辑切换时，晶体管的关闭通常要比导通慢，并且在转换的过程从 V_{cc} 能拉出很大的瞬态电流。这会在 V_{cc} 的走线和地线上产生瞬态。应注意到，图 11.3 所示的 TTL 电路的输出级包含了一个限流电阻。由于 CMOS 电路没有限流电阻，因此要比 TTL 电路产生更大的电流（dI/dt 有时高达 5000A/s）。限制这些浪涌的一种方法是使用去耦电容。去耦电容跨接在 V_{cc} 和地之间（见图 11.4），当芯片切换时其能提供需要的瞬态电流。记住如下方面非常的重要：电容的引线要尽可能短以减小寄生电感，且其安装时要靠近被去耦的芯片以减小环路面积。

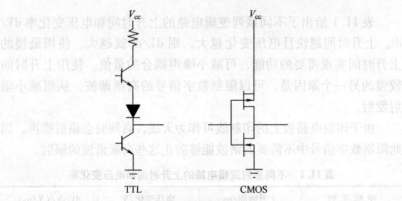

图 11.3　逻辑输出驱动器

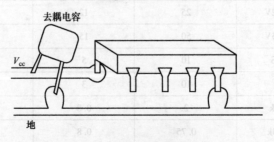

图 11.4　IC 芯片和去耦电容

11.6　负载产生的开关瞬态

图 11.5 所示的模型包括了配电系统中的部件，包括电源、导线和负载。电源用一个串联了电阻和电感的理想电压源表示。导线由电阻和电感组成。在开启或关闭时，负载会通过电源和导线阻抗产生快速的电流变化。负载电容连接到总线上时，会形成到地的短路电路。配电导线的电感通过产生这种抑制新电流流动的极性电位，以阻止这种

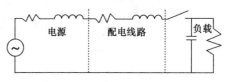

图 11.5　电源配电系统模型

电流需求。图 11.6 和图 11.7 所示的瞬态就是这种现象所产生的波形。这个简化模型忽略了除了负载以外的任何电容的影响。并联电容的源（特别是在直流电源中）具有低的源阻抗，通过使用较小的串联源阻抗，这很容易在瞬态情况下进行建模。线路与线路或线路与回路之间的导线电容，可通过将配电导线建模为电感与电阻的串联而很容易地予以考虑。也就是说，传输线的集总元件模型也可称为线路阻抗稳定网络（LISN）。图 11.8 给出了计算的和测得的开关瞬态的模型。图 11.8 中，LISN 模拟的是配电导线的阻抗。粗线表示了产生尖峰的负载中流过的大电流。

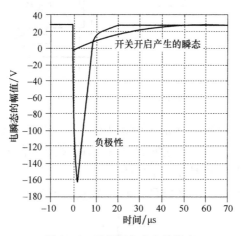

图 11.6　开关开启产生的瞬态

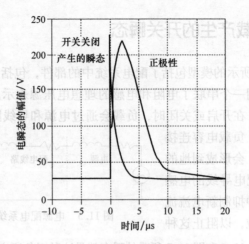

图 11.7 开关关闭产生的瞬态

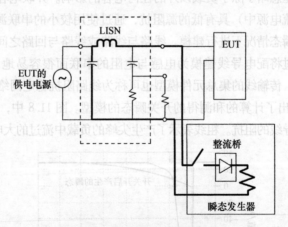

图 11.8 尖峰发生器模型

对开关瞬态现象进行完整的物理描述是非常的重要。这包括波形幅值与时间，以及源阻抗之间的关系。对负载产生的开关瞬态进行准确可重复的测量，也是非常重要的。

存储在感性装置中的能量可由下式进行计算：

$$E = \frac{1}{2}LI^2 \tag{11.3}$$

式中，E 为能量（J）；L 为电感；I 为稳态电流。

这种能量是开关关闭时产生瞬态的原因。

11.7　开关瞬态现象的控制参数

从上述讨论中知道，开关瞬态的大小（幅值、持续时间）可由总线的特性（包括标称总线电位和标称总线阻抗）进行估算。下面介绍的事实是设计人员急需了解的。

这些瞬态几乎是从标称总线电位瞬间减小到零电位的，然后通常按照欠阻尼指数衰减逐渐回到标称电位。瞬态通常的形状是负向的持续时间长的。这个过程中瞬态永远不会减小到零电位以下。返回到标称电位的时间取决于开关负载的电抗元件（主要是线路与线路之间的电容）及电源总线的电抗与阻抗。

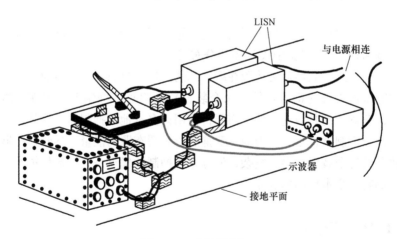

图 11.9　瞬态测量布置

11.8　减小瞬态影响的方法

当这些部件系统安装到车辆中时，尽管采取了适当的措施以减小瞬态的产生，但瞬态信号仍然是存在的，最后的对策可能是在接收机的连接线上抑制瞬态。这些抑制方法通常包括能吸收瞬态能量的元件。

瞬态吸收元件一般包括两种：无源元件或有源元件。这两种元件各有自己的特性，可用于不同的特定情况。

无源装置由电阻或电容组成。电阻可以通过热耗散的方式减小瞬态的能量，从而阻止瞬态的能量影响被保护的部件。电容通常用来吸收尖峰电压，通过给电瞬态提供比被保护部件更低的阻抗以减小其幅值。电容不消耗能量，只是减小电压的幅值并将能量存储一段时间，然后以比原始瞬态更慢的速率释放给负载。

有源装置实质上是由二极管组成的，在某种程度上，其工作原理类似电容。它们通过提供低阻抗以减小负载上的电压。它们可以消耗一些能量，因此具体应用时它们需要达到额定值。

11.9　瞬态抑制电路的拓扑结构

下面要讨论的最后一项内容是实际使用时特定电路的配置。该配置有两种类型："集中式"和"分布式"。

集中式抑制器通常放置在瞬态源的附近，分布式抑制器通常放置在能量接收机（即被保护的每个装置）的附近。抑制器放置在源端时，车辆上的其他地方就不需要再使用许多本地的抑制器。这就意味着这个抑制器将很大，因为它要抑制所有瞬态源的能量。尽管抑制器放置到每个装置上会很复杂，但分布式抑制的优点是每个被保护的装置都有一个本地的抑制器。

11.10　总结

汽车上的瞬态是由许多不同类型的负载和电路产生的，这些负载和电路都具有快速的能量上升和下降时间。由于这些瞬态也取决于系统的负载和源阻抗，因此很难对其进行预测。

尽管对这些瞬态抑制装置的类型及选择要考虑很多，但使用这些装置是可行的。

第12章 静电放电

12.1 概述

对于静电放电（ESD），大多数的电磁兼容书籍通常都是放在最后才进行讨论，本书也不例外。这是因为，为了理解 ESD，先需要了解本书前面章节已讲述的传导现象和辐射现象的特点。ESD 产生的发射能够影响没有足够抗扰度的装置或部件（见图 12.1）。

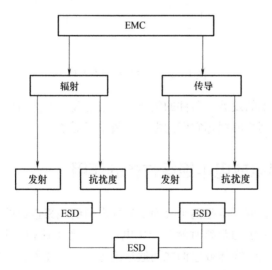

图 12.1 ESD 能够影响辐射或传导现象

ESD 的基本机理是，两个表面之间的电容能够存储电荷，导致表面之间产生电压差，当两个表面之间的电压大于两个表面之间介电材料的介电性能时就会产生放电。尽管放电能够发生在任何介电材料上，但通常是在空气中。

为什么如今这么关注 ESD 呢？那么就需要回顾一下电子工业的发展过程。在电子工业的早期，主要业务是电视广播时，使用最多的有源电子部件是真空管。真空管的特点之一是，它们需要几百伏的电压才能工作，但通常电压达到 1000V 时才会造成损坏。

随着技术的发展，半导体器件在许多应用中取代了真空管。半导体器件的一个优点就是它们工作在较低的电压（如晶体管只需要几十伏）。但其缺点是，当电压为几百伏时就会损坏。

图 12.2 所示的器件包含真空管、晶体管和二极管的图形符号。

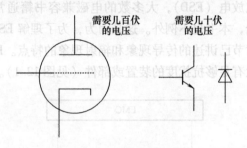

图 12.2　真空管和固态器件

随着技术的发展，器件的集成度越来越高，器件需要的工作电压越来越低，则能够损坏它们的电压数值也降低了。

12.2　静电放电中绝缘材料的作用

ESD 现象的发生是两个表面上异性电荷的积累造成的。当这些表面之间间隔一定的距离时就会产生电位差。产生这种现象的关键是，这两个表面是绝缘体或它们之间通过绝缘材料彼此隔离。如果没有绝缘材料，电荷将分布到这两个表面上且数值相等，不会存在电位差。在大多数电路中，通常被认为是绝缘体的材料（可能有几万欧姆的阻值）实际上是能够消除潜在 ESD 条件的有效导体。

图 12.3 所示的导电腕带包括导电腕带及其回线连接，它可用于防止在电子装配过程中人体上电荷的积累。腕带和连接电缆的阻值相对较高，但仍可以为集聚电荷的消除提供足够的导电性。

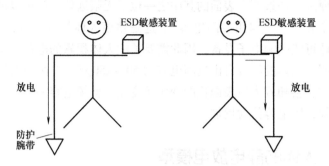

图 12.3　防护 ESD 的导电腕带的功能

电荷、电压和电容之间的关系如下：

$$Q = CV$$

式中，C 为两个表面之间的电容；V 为两个表面之间的电压；Q 为每个表面上的电荷量。

从以上关系，可以得到

$$V = Q/C$$

如果电荷量保持不变（也就意味着没有电荷消失）而电容减小，则两个表面之间的电压将会增大。随着电压的增加，当到达击穿电压的点时就会产生放电。在空气中大约为 75kV/in（每英寸 75 千伏）时出现电压击穿。

ESD 的电压击穿如图 12.4 所示。

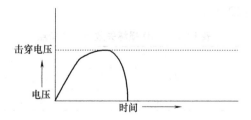

图 12.4　ESD 的电压击穿

应记住的是，确定好人工处理电子器件的 ESD 要求是非常的重要，可用如下方式建模这种情况。回想下两个表面之间具有电容的基本物理原理。如果两个表面的其中之一位于无限远处，就可以说具有了另一个表面的"自由空间电容"。这是建模人体等效电容的基础。由于人体可能影响电子设备，因此需要关注人体积累的电荷。实例研究已表明，人体的等效自由空间电容为 50 ~ 150pF，它作为人体表面积的函数，会随着人体表面积的变化而变化。就像电容一样，如果表面积增加，则电容值就增加。

12.3　人体的静电放电模型

除了等效的自由空间电容，ESD 工作中使用的完整人体模型（HBM）包括电阻和电感。这种模型用串联的 RLC 网络表示，如图 12.5 所示。

电感的典型值通常为几十微亨；电阻值取决于皮肤特性，其范围从几十千欧到几百千欧。

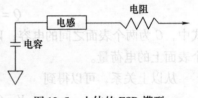

图 12.5　人体的 ESD 模型

12.4　静电放电的影响

ESD 会损坏设备。设计人员面对的挑战是两种类型的损坏：第一种是"立刻型"；另一种是"潜在型"。每种都有自己的特点、优点和缺点（见表 12.1）。

表 12.1　ESD 损坏失效类型的特点

	立　刻　型	潜　在　型
优点	易检测到	设备可继续工作
缺点	立刻产生失效	设备后续可能会失效

12.5　静电放电试验方法

汽车的 EMC 方案中有关于 ESD 的要求。这些要求包括部件级的和系统级的。试验时会模拟 ESD 现象发生在设备上或其附近。这种试验通过"静电枪"实现，图 12.6 所示的试验布置为部件级 ESD 试验的典型布置。

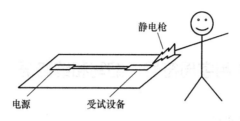

图 12.6 ESD 试验布置

在系统级，ESD 试验时会给系统中的不同线束和连接线施加高压。其目的是提供足够的电荷以激发设备出现失效。系统级试验的优点是由于若干个设备和线束相连，试验时电荷将被分散从而施加给每个设备的电荷量减少，因此设备不会出现失效。

由于施加的电荷和电压取决于环境条件，如温度和湿度，因此需要很详细地规定 ESD 的试验条件。

总之，尽管 ESD 是 EMC 的一个独特方面，但是仍能通过试验来模拟 ESD 对设备和汽车系统的影响。

附　录

附录 A　常用字母符号、缩写和缩略语

A	ampere	安培
A/m	ampere per meter	安培每米
AC, ac	alternating current	交流
AM	amplitude modulation	幅度调制
AWG	American wire gauge	美国线规
BB	broadband	宽带
BCI	bulk current injection	大电流注入
C	capacitor	电容
CE	conducted emissions	传导发射
cm	centimeter	厘米
CM	common mode	共模
CI	conducted immunity	传导抗扰度
CUT	cable under test	受试电缆
CW	continuous wave	连续波
dB	decibel	分贝
dBm	decibel above 1 milliwatt	相对于 1mW 的分贝值
dBV	decibel above 1 volt	相对于 1V 的分贝值
dBW	decibel above 1 watt	相对于 1W 的分贝值
DC, dc	direct current	直流
DSO	digital storage oscilloscope	数字存储示波器

DM	differential mode	差模
ELF	extremely low frequency	极低频
EHF	extremely high frequency	极高频
EM	electromagnetic	电磁
EMC	electromagnetic compatibility	电磁兼容
EME	electromagnetic environment	电磁环境
EMI	electromagnetic interference	电磁干扰
EMP	electromagnetic pulse	电磁脉冲
ESD	electrostatic discharge	静电放电
EUT	equipment under test	受试设备
FFT	fast Fourier transform	快速傅里叶变换
FM	frequency modulation	调频
GHz	gigaHertz	吉赫兹
H	Henry	亨利
HF	high frequency	高频
Hz	Hertz	赫兹
I/O	input/output	输入/输出
kHz	kiloHertz	千赫兹
km	kilometer	千米
IF	intermediate frequency	中频
L	inductor	电感
LC	inductive/capacitive	感性/容性
LH	left hand	左手
LISN	line impedance stabilization network	线路阻抗稳定网络
LF	low frequency	低频
LO	local oscillator	本振

m	meter	米
MF	medium frequency	中频
MHz	megaHertz	兆赫兹
mm	millimeter	毫米
N/A	not applicable	不适用
NASA	National Aeronautics and Space Administration	美国国家航空航天局
NB	narrowband	窄带
pF	picoFarad	皮法拉
PM	phase modulation	相位调制
PC	personal computer or printed circuit	个人计算机或印制电路
PCB	printed circuit board	印刷电路板
PRF	pulse repetition frequency	脉冲重复频率
PAM	pulse amplitude modulation	脉冲幅度调制
PCM	pulse code modulation	脉冲编码调制
PWM	pulse width modulation	脉宽调制
RAU	remote acquisition unit	远程采集单元
RBW	resolution bandwidth	分辨率带宽
RC	resistive/capacitive	阻性/容性
RCVR	receiver	接收机
RE	radiated emissions	辐射发射
RF	radio frequency	射频
RFI	radio frequency interference	射频干扰
RH	right hand	右手
rms	root-mean-square	有效值
RI	radiated immunity	辐射抗扰度

s	second	秒
S/N	signal-to-noise ratio	信噪比
SHF	super high frequency	超高频
SMPS	switched mode power supply	开关电源
T	tesla	特斯拉
TT	turn-on/off transient	开/关瞬态
UHF	ultra high frequency	超高频
V	volt	伏特
V/m	volt per meter	伏特每米
VBW	video bandwidth	视频带宽
VF	voice frequency	音频
VHF	very high frequency	甚高频
VLF	very low frequency	甚低频
VTVM	vacuum tube volt meter	真空管电压表
W	watt	瓦特
XFMR	transformer	变压器
ε	permittivity	介电常数
λ	wavelength	波长
μ	permeability or prefix micro	磁导率或微（作为前缀）
Ω	ohm	欧姆
μF	microFarad	微法拉

附录 B　常用公式

接收天线系数：

$$AF = \frac{E}{V}$$

式中，AF 为天线系数（1/m）；E 为场强（V/m 或 $\mu V/m$）。

上式用对数表示为

$$AF(dB/m) = 20\lg \frac{E}{V}$$

或

$$AF(dB/m) = E(dB/V) - V(dBV)$$

天线系数计算式为

$$AF = 9.73/(\lambda \sqrt{g})$$

式中，λ 为波长（m）；g 为天线的数值增益。

用于测量磁场的环天线的天线系数：

$$AF_{H\ dB(S/m)} = H_{dBA/m} - V_{dBV}$$

根据磁通密度（磁场），则有

$$AF_B = AF_H + 20\lg\mu$$

$$AF_B = AF_H - 118,单位为 T/V$$

对于根据等效远场电场校准的环天线：

$$AF_{E\ dB(m^{-1})} = AF_{H\ dB(S/m)} + 20\lg\eta$$

$$AF_{E\ dB(m^{-1})} = AF_{H\ dB(S/m)} + 20\lg(120\pi)$$

$$或 AF_{E\ dB(m^{-1})} = AF_{H\ dB(S/m)} + 51.5dB$$

式中，η 为自由空间的波阻抗，$\eta = 120\pi\Omega$。

在 50Ω 系统中，把 mW 转换为 μV：

$$P = \frac{V^2}{R}$$

式中，P 为功率（W）；V 为电压（V）；R 为电阻（Ω）。

上述用对数表示，则有

$$V_{dB\mu V} = P_{dBm} + 107$$

一副天线发射、另一副天线接收，功率表达式为

$$P_r = \frac{P_t G_t G_r \lambda^2}{(4\pi r)^2}$$

式中，P_r 为接收功率（W）；P_t 为接收功率（W）；G_t 为发射天线的数值增益；G_r 为发射天线的数值增益；r 为发射天线和接收天线之间的距离（m）；λ 为发射信号的波长（m）。

发射机远场中产生的电场强度：

$$E_{V/m} = \frac{\sqrt{30 P_t G_t}}{r}$$

式中，E 为电场强度（V/m）；P_t 为输入给发射天线的净功率（W）；G_t 为发射天线的数值增益；r 为距发射天线的距离（m）。

为了产生规定的场强，需要的功率可用下式计算：

$$P_t = \frac{E^2 r^2}{30 G_t}$$

例如，如果要求在 3m 的距离 500MHz 时产生的场强为 30V/m，天线的数值增益为 2，则需要输入给天线的功率（放大器的输入功率减去路径损耗）为

$$P_t = \frac{30^2 \times 3^2}{30 \times 2} W = 135 W$$

对于低增益的发射天线，远场条件为

$$r \geqslant \frac{\lambda}{2\pi}$$

对于高增益的发射天线，远场条件为

$$r \geqslant \frac{2D^2}{\lambda}$$

式中，D 为天线的最大尺寸（m）。

对于阻抗为 50Ω 的天线，天线系数和增益之间的关系：

$$G_{dB} = 20 \lg(f_{MHz}) - AF_{dB/m} - 29.79$$

已知天线系数，在给定距离产生规定场强所需的功率为

$$P_{dB(W)} = 20 \lg(E_{desired\ V/m}) + 20 \lg(d_m) - 20 \lg(f_{MHz}) + AF_{dB/m} + 15$$

发射天线系数为

$$TAF_{dB/m} = G_{dB} - 2.22 - 20 \lg(d_m)$$

式中，$TAF_{dB/m}$ 为发射天线系数（dB/m）；G_{dB} 为天线增益（dB）；d_m 为距离（m）。

磁场单位如下：

$$\mu_0 = 4\pi \times 10^{-7} H/m$$

$$1T = 1 Wb/m^2 = 7.96 \times 10^5 A/m = 10^4 Gs = 10^4 gamma$$

$$1\,nT = 796\,A/m = 10^3\,pT = 10^{-5}\,Gs$$

$$1\,\mu A/m = 1.256 \times 10^{-3}\,nT = 1.256\,pT = 1.256 \times 10^{-8}\,Gs = 1.256 \times 10^{-3}\,gamma$$

$$1\,pT = 0.796\,\mu A/m = 10^{-3}\,nT = 10^{-8}\,Gs = 10^{-3}\,gamma$$

$$1\,gamma = 796\,\mu A/m = 1\,nT = 10^{-3}\,pT = 10^{-5}\,Gs$$

1 Oe（奥斯特）= 1 Gs（高斯）

$0\,dB\mu A/m = +2\,dB(pT)$

Gs、Oe 和 gamma 为非法定计算单位，是历史上曾使用的磁场单位。

电磁特性如下：

a) $f\lambda = c$

b) $fh = E$

式中，f 为频率（Hz）；λ 为波长（m）；c 为光速，$c = 3 \times 10^8\,m/s$；h 为普朗克常数，$h = 6.626 \times 10^{-27}\,erg \cdot s = 4.13 \times 10^{-15}\,eV \cdot s$；$E$ 为光子能量（erg 或 eV）。

功率密度如下：

a) $PD = E \times H$

b) 如果 E 与 H 垂直，则 $E/H = 377\,\Omega$，$PD = E^2/377 = 377H^2$。

式中，PD 为功率密度（W/cm²）；E 为电场矢量（V/m）；H 为磁场矢量（A/m）；×为矢量的叉积符号；377Ω 为自由空间的波阻抗。

天线公式如下：

a) $W_{nf} = \dfrac{4P}{A}$

b) $W_{ff} = \dfrac{AP}{\lambda^2 r^2}$

c) $R_{ff} = \dfrac{A}{2\lambda}$

d) $R = \dfrac{\sqrt{PG}}{\pi EL}$

e)　$G = \dfrac{4\pi A}{\lambda^2}$

式中，W_{nf} 为天线近场中的最大功率密度；P 为输出功率（W）；A 为天线面积（m^2）；W_{ff} 为天线远场中的最大功率密度；R_{ff} 为到远场的距离（m）；λ 为辐射波的波长（m）；r 为到规定功率密度的距离（m）；EL 为规定功率密度（mW/cm^2）；G 为天线数值增益（非 dB 值）。

参 考 文 献

American National Standards Institute (ANSI), "American National Standard for Methods of Measurement of Radio-Noise Emissions From Low Voltage Electrical and Electronic Equipment in the Range of 9 kHz to 40 GHz", ANSI C63.4, 1992

"Antennas and Radio Propagation", Department of the Army Technical Manual, TM 11-666, United States Department of the Army, February, 1953

B. Archambeault, "PCB Design for Real-World EM Control", Kluwer Academic Press, 2002

"The ARRL Antenna Book", 19th Edition, The American Radio Relay League, Inc., 2000

G. Brown, "And Part of Which I was – Recollections of a Research Engineer", Hanlo Press, 1982

Compliance Engineering Magazine, January / February 2001

Department of the Army Technical Manual TM 11-483, Department of the Air Force Technical Order, TO 31-3-9, "Radio Interference Suppression", United States Departments of the Army and the Air Force, October, 1956

"Designing for EMC", Presented at the IEE colloquium "EMC for the Small Business", May 1997 at the IEE, Savoy Place, London, http://www.elmac.co.uk/desfremc.htm

Electronics safety pages, Electromagnetic Compatibility (EMC), http://www.epanorama.net/limks/safety.html#emc

"EMC: Antennas and Antenna Factors, How to Use Them", Society of Automotive Engineers AIR 1509, SAE, 1980

ETS Lindgren

Federal Communications Commission (FCC), "Bulletin Number 63, Understanding The FCC Part 15 Regulations for Low Power, Non-Licensed Transmitters", Federal Communications Commission

Federal Communicaitons Commissions (FCC), "Part 15", Federal Communications Commission

Field service memo
Electromagnetic radiation and how it affects your instruments

"F-M Transmitters and Receivers", Department of the Army Technical Manual, TM 11 – 668, United States Department of the Army, September, 1952

J. Goebloed, "Traceability and Accuracy Aspects in EMC Compliance Testing", EMC '94 Roma, International Symposium on EMC, September 13-16 1994, Rome

J. Grady, "System Requirements Analysis", McGraw-Hill, 1993.

E. Hare, Editor, "The ARRL RFI Book", First Edition, The American Radio Relay League, 1998

W. Hayt, "Engineering Electromagnetics", McGraw-Hill, 1974.

D. Heirman, "EMC in a High-Frequency World", Compliance Engineering Magazine, Jan-Feb 2001

IEC, "Publication 801 Part 4, Electromagnetic Compatibility for Industrial Process Measurement and Control Equipment, Part 4: Electrical Fast Transient/Burst Requirements", IEC, 1988

"Introduction to wave propagation, transmission lines, and antennas", Book 10, Integrated Publishing, 2003, http://www.tpub.com/neets/book10/index.htm

Integrated Publishing, DOE Electrical Science, http://www.tpub.com/doeelecscience/

G. Johnson, Jr.., "Electromagnetic Interference Control Guidance for the Equipment Designer", United States Army Signal Research and Development Laboratory, Fort Monmouth, New Jersey, February 1, 1961.

J. Kraus, R. Marhefka, "Antennas for All Applications", Mc Graw Hill, 2002

R.D. Leach, M.B. Alexander, Editor, "NASA Reference Publication 1374, Electronic Systems Failures and Anomalies Attributed to Electromagnetic Interference", July, 1995

Marconicalling.com, http://www.marconi.com/html/homepage/home.htm

J. Muccioli, "Electromagnetic Standards and Interference", Automotive Electronics Handbook, Second Edition, McGraw Hill Companies, Inc., 1999

J. Muccioli, "Electromagnetic Compatibility", Automotive Electronics Handbook, Second Edition, McGraw Hill Companies, Inc., 1999

NASA MIL-B-5087B, "Bonding, Electrical, and Lightning Protection, for Aerospace Systems", April 1997

NASA / CR – 1999-209574, "Specification, Measurement, and Control of Electrical Switching Transients", Marshall Space Flight Center, September, 1999

NASA Reference Publication 1368, "Marshall Space Flight Center Electromagnetic Compatibility Design and Interference Control (MEDIC) Handbook", CDDF Final Report, Project No. 93-15, June 1995

"National Electrical Code", National Fire Protection Association, 2002

J. Osburn, "How to Figure EMC Antenna Factors", Evaluation Engineering Magazine, February 1995

H. Ott, "Noise Reduction Techniques In Electronic Systems", John Wiley and Sons, Inc., 1988

C. Paul, "Introduction to Electromagnetic Compatibility", John Wiley and Sons, Inc., 1992.

"PC-113 Test System", Com-Power Corporation, 1999

"Power Losses and Gains – Decibels", Information Text 53005A, U.S. Army Signal Center and School, 1968

"Radio Interference Suppression Techniques", Suppression and General Engineering Branch Coles Signal Laboratory, Fort Monmouth, New Jersey, November 1953

United States Department of Defense, MIL-F-15733, "Filters and Capacitors, Radio Frequency Interference, General Specification For"

United States Department of Defense, "MIL-STD 462 Electromagnetic Interference Characteristics, Measurement of, July 31, 1967, Notice 2, May 1, 1970

United States Department of Defense, "MIL-STD 461 Electromagnetic Interference Characteristics for Equipment" Basic Release July 31, 1967, Revision A, August 1968, Revision B, Electromagnetic Emission and Susceptibility Requirements for the Control of Electromagnetic Interference", April 1, 1980, Revision C, August 4, 1986.

University of Missouri – Rolla Electromagnetic Compatiblity Laboratory, http://umr

U.S. Occupational Safety and Health Agency (OSHA), http://www. osha. gov/SLTC/radiofrequencyradiation/electromagnetic_fieldmemo/electromagn etic.html

J. Shen, "MOSTVS: A New Class of Transient Voltage Suppressors to Reduce Voltage Rating and Cost of Automotive Power Electronics" SAE World Congress, 2003

T. Van Doren, "Grounding and Shielding Electronic Systems", T. Van Doren, 1998

T. Van Doren, "Circuit Board Layout to Reduce Electromagnetic Emission and Susceptibility", T. Van Doren, 2000

T. Williams, "EMC and Litigation: some thoughts from the High Court", Elmac Services UK, http://www.elmac.co.uk/zurhcemc.htm

T. Williams, "What to Look for in an EMC Antenna", Compliance Engineering Magazine, 1999 Annual Issue

本书中文简体版由 Springer 授权机械工业出版社在中国大陆地区（不包括香港、澳门特别行政区及台湾地区）出版与发行。未经许可之出口，视为违反著作权法，将受法律之制裁。

北京市版权局著作权合同登记　图字：01-2014-5106 号

图书在版编目（CIP）数据

汽车系统电磁兼容/（美）特伦斯·雷贝克（Terence Rybak），（美）马克·斯特夫卡（Mark Steffka）编著；崔强等译. —北京：机械工业出版社，2020.10（2025.1 重印）
（国际电气工程先进技术译丛）
书名原文：Automotive Electromagnetic Compatibility（EMC）
ISBN 978-7-111-66726-1

Ⅰ. ①汽… Ⅱ. ①特…②马…③崔… Ⅲ. ①汽车-电子系统-电磁兼容性-研究 Ⅳ. ①U463.6

中国版本图书馆 CIP 数据核字（2020）第 190132 号

机械工业出版社（北京市百万庄大街22号　邮政编码100037）
策划编辑：王　欢　责任编辑：王　欢
责任校对：闫玥红　封面设计：马精明
责任印制：邓　博
北京盛通数码印刷有限公司印刷
2025 年 1 月第 1 版第 4 次印刷
148mm×210mm · 7.625 印张 · 218 千字
标准书号：ISBN 978-7-111-66726-1
定价：49.00 元

电话服务　　　　　　　　　　网络服务
客服电话：010-88361066　　　机　工　官　网：www.cmpbook.com
　　　　　010-88379833　　　机　工　官　博：weibo.com/cmp1952
　　　　　010-68326294　　　金　书　　　网：www.golden-book.com
封底无防伪标均为盗版　　　　机工教育服务网：www.cmpedu.com